木村よしのおんな記者伝

町田 久次
Machida Kyuji

郁朋社

〈はじめに〉

今から百十年ばかり前、明治四十四年（一九一一）に東北の小さな地方都市・福島市で発行されていた福島民友《ふくしまみんゆう》新聞という地方紙に、一人のおんな記者が入社した。彼女はすぐさま「女から見た女」「授産場訪問」などと題した相当過激な、一方で柔らかな、人間味あふれる連載記事を書きまくっていく。

たとえば、

「日の本は天の岩戸の昔より女ならでは……何とかだと殿方はおっしゃいます。吾々婦人の身にとりまして涙の出るほど有難いお言葉のようにも承わられますが、しかしまた涙の出るほど情けないお言葉のようにも承わられます。真実、殿方が婦人というものを了解してその上でおっしゃって下さることなら嬉しうございますけれども……」

「幾ら強がっても威張っても、やはり女は女で内務大臣にも外務大臣にもなれないんですものね。目のある人が見るとおかしう思うでしょ。強がるというのがもう女の弱点なんですもの」

「元々婦人解放とか女権拡張とかいう問題は、女自ら考うべき事で男性からうながされ、注意を与えられたりする迄もない事であろうと思います。第一、婦人解放などと男性から叫ばれるというのは我々女性に取りてこのうえなき侮辱であろうかと思います」

（明治四十四年六月二十四〜二十五日、「女から見た女」連載の一部）

こんなたぐいの記事だ。あたかも〝男性優位〟の社会を真っ向から批判し、女性の奮起を呼びかける……。しかも記事に、哲学者ニーチェ、クエスションマーク、矛盾撞着《どうちゃく》、凄愴《せいそう》、列強環視《かんし》、閨秀《けいしゅう》、徳富《とくとみ》蘇峰《そほう》、プライド、オーソリティーといった人名や英語、難解な言葉がぽんぽんと飛び出す。この記事を読めばおそらく、きっと誰しもが飛びあがるに違いない。

明治の末期にこんな過激な記事を、いったい誰が書いたものなのか。読んでいくと記事についた署名から名前だけはわかる。「木村よしの」というおんな記者である。しかしこの女性がいったい誰なのか？　どんな経歴の持ち主だったのか？　というと、まったく何ひとつわからない。いったい彼女は何歳だったのかさえもはっきりしない。実際、彼女について書かれた資料は何ひとつどこにも、当の新聞社にさえも残されていないのだから、まったく謎めいているのだ。

したがって唯一手掛かりとなるのは、彼女が新聞に書き残した一連の連載記事だけである。もう一世紀以上も前の原紙は、残念なことに新聞社にも残っていない。このため私は、当時の新聞をマイクロフィルムにして所蔵している福島県立図書館（福島市）にしばらく通い続け、ページをめくりながら彼女の署名入りの記事を探すことに専念した。すると、あった。明治四十四年の五月から同年八月にかけて、

「婦人記者？？？」

「婦人記者ＹＳＮ」

「よしの」

さらに「芳野」の名の付いた三十本ばかりもの記事。翌年にも「よしの」の署名が入った記事一本が見つかった。

私は夢中になって、これらの記事の一文一語をパソコンに打ち込んで復元してみることにした。するとその過程で、彼女の驚くべき〝素顔〟や〝思想〟というものがちらちら浮かび出てくる。

はたまたこの作業と同時併行して、国立国会図書館が一般公開を始めた近代デジタルライブラリー（現在のデジタルコレクション）を通じて文献調査を進めていくと、意外にも福島から東京に出て、明治四十二年に日本女子大学の英文科に学んでいた「五十嵐《いがらし》よしの」といううら若き女性が浮かびあがってくる。さらにずっと後の昭和期に入って、東京都の公設結婚相談所で主任相談員として活躍していた「木村よしの」という人物が私の前に現われてくる。しかもこの二人は同一人物なのだという……。

いったい、これはどういうことなのか。

さてわが国近代日本で最初の女性記者が誕生したのは、明治二十三年（一八九〇）に国民新聞に入った竹越竹代《たけこしたけよ》（一八七〇～一九四四）や、同三十一年（一八九八）に報知新聞に入った松岡《まつおか》（羽仁《はに》）もと子（一八七三～一九五七）らでよく知られる。問題の木村よしのという女性が、福島県に出現した明治四十四年には、東京朝日新聞に竹中繁《たけなかしげ》（一八七五～一九六八）が同紙初の女性記者として入社しており、まだまだ女性記者草分けの時代であったことがわかる。すれば木村よしのも日本の女性ジャーナリズム運動史に新しく一ページを加えられてもいいのでは。

なおかつ注目したいことは、彼女が入社した明治四十四年というのはあの大逆《だいぎやく》事件で社会主義者・無政府主義者とされた幸徳秋水《こうとくしゅうすい》ら十二名が国家反逆の罪で処刑され、世情騒然とした時代であったことだ。このことは一部彼女が書いた記事の中でも触れられる。さらに女性運動家の平塚らいてうが女だけの評論誌「青鞜《せいとう》」を出し、これまた福島から世に出た長沼（高村）智恵子がその表紙絵を描いた年である。何かしら木村よしのというおんな記者は、明治末期に社会の注目を集めた〝新しい女〟の匂いをぷんぷんと漂わせているのが、また気にかかる。

そうそう、本論の前に福島県がどのような県であるか、木村よしのという女性が筆をふるっていた福島民友新聞というのがどんな新聞であったのか、これまた気になるであろう。福島県というのは東北の南部に位置した自然と歴史豊かな土地柄。北海道、岩手に次いで全国三位の県土面積を誇り、人口はかつて二百万人という雄県。平成二十三年（二〇一一）の三月十一日、

明治39年、紙齢3000号を祝った当時の福島民友新聞（同社「百年史」より）

忘れることの出来ない東日本大震災と東京電力福島第一原子力発電所の危機的な事故以来、多くの県民が被災し避難を余儀なくされた。いまだに風評被害や気の遠くなるような長い復興の途上に置かれている。

その新聞ジャーナリズムについて書けば、この福島県には、「福島民報《みんぽう》」と「福島民友」という二つの地方紙があり、明治の草創期から二大県民紙として互いに切《せつ》磋《さ》琢《たく》磨《ま》し競い合ってきた。一方の福島民報が明治二十五年（一八九二）に当時の福島自由党の機関新聞として創刊した歴史を持てば、これに対して福島民友新聞は明治二十八年（一八九五）、野党である憲政会・民政党系の言論紙として誕生した歴史を持つ。なおかつ福島民友新聞は、明治の自由民権運動を

福島民友新聞

水島運送店
同支店

「福島民友新聞」という題字による初の紙面（明治32年11月25日付）

明治 32 年に「福島民友新聞」の題字で発刊された最初の新聞（福島県立図書館蔵）

主導し、衆議院議長や農商務大臣を務めた河野《こうの》広中《ひろなか》によって創刊された由緒を持つ。今年で創刊百二十六年。

かくいう私も、その福島民友新聞において昭和四十六年から原発事故の起きた平成二十三年まで、記者としてあるいは業務社員、経理局長、取締役として身を置いてきた一人である。

ともあれ、彼女はどんなことを新聞で連載し主張していたのか。それではこれから、木村よしのがユニークな連載記事を書いていた明治四十四年という時代にタイムスリップしていくことにしよう！

木村よしの　おんな記者伝／目次

装丁／宮田麻希

木村よしの　おんな記者伝

第一章　木村よしのの登場

木村よしのと名乗る女性が、当時の福島市上町《うわまち》にあった福島民友新聞に入社したのは、明治四十四年（一九一一）の五月七日のことであった。この日の新聞第三面に、次のような「入社の辞」という囲み記事が掲載されたことでわかる。原文のまま紹介すると、

入社の辞

木村　よしの

此度社長様より入社のお許しを得候《そうろう》事身分外の光榮と存じ感謝の念に堪えず候此上は只管《ひたすら》に御経験ふかき先輩様方の篤《あつ》き御指導に順《したが》ひ愛讀者皆々様の御為《おた》めかよわき腕のかぎりを盡《つく》さん覺悟に御座候幸

ひ老松の露に潤《うるお》ふ蔦《つた》としも御認め
下され候はゞ行先いかばかりか心
丈夫に嬉しく存じ候はむ
先《まず》は入社の御挨拶まで

草々不一

これを現代文に訳せば、

「このたび社長様より入社のお許しを得ましたこと、望外の光栄に存じまして何と言ってよいか感謝の念に堪えません。このうえはただひたすら、ご経験深い諸先輩方の温かいご指導のもとで、愛読者の皆々様のために精一杯、かよわき腕のかぎりを尽くす覚悟でございます。わたしのけなげな思いをお察しいただければ、この先とても心強くまた嬉しく存じます。とりあえず入社のご挨拶とさせていただきます」

こんな風になるであろうか。

いかにも明治期の女性らしい、随分と腰の低い丁重な響きがただよう挨拶ではある。ただ、この段階ではとりたてて変わったものではない。彼女がどのような経緯、動機で入社したのか、残念ながら

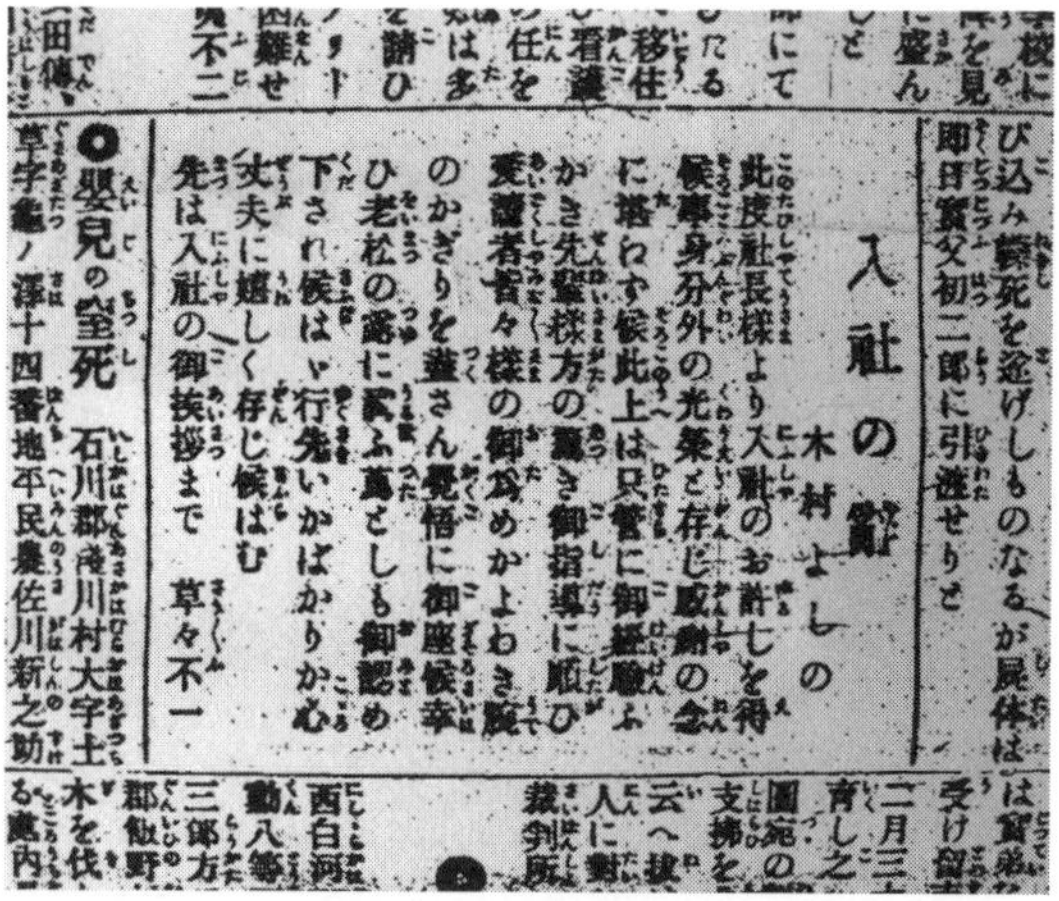

入社の辭

木村よしの

此度社長様より入社のお許しを得候事身分外の光榮と存じ感謝の念に堪わず候此上は只管に御經驗ふかき先輩様方の温き御指導に順ひ愛讀者皆々様の御爲めかよわき腕のかぎりを盡さん覺悟に御座候幸ひ老松の露に潤ふ蔦としも御認め下され候はゞ行先いかばかりか心丈夫に嬉しく存じ候はむ先は入社の御挨拶まで 草々不一

木村よしの「入社の辞」
（明治44年5月7日付福島民友新聞、福島県立図書館蔵）

そのいきさつを示すような彼女の記載などはどこにも見当たらない。あえて書けば、極めて型通りではあるが、硬い候調《そうろうちょう》の中に緊張した面持ちをうかがわせる一方で、「読者のためにかよわき腕のかぎりを尽くさん」と彼女なりの強い決意を滲ませているように感じられる。

同社の百年史によれば、当時の福島民友新聞は、郡山—会津若松—新潟をつなぐ岩越《がんえつ》鉄道出身の寺沢元良《もとよし》（第二代社長）、新田貞橘《さだきつ》（第三代社長）が共同で新聞経営にあたっていた時代。明治四十二年七月十六日には創刊から記念すべき紙齢四千号を数え、当時の新聞では異例だった四十ページもの記念号を発行。さらに公称する発行部数が「一万部以上」と勢いづいていたという。

当時の編集長は金子紫電《しでん》（金子喜一郎）、続いて橋本春陽《しゅんよう》（春蔵）が務めていたが、すでに矢田挿《やだそう》雲《うん》、荻原井泉水《せいせんすい》ら後に日本の文壇で活躍する多くの文人や記者が集まり、自由闊達《かったつ》に論陣を張っていたらしい。その一人、矢田挿雲（俳人・作家、一八八二～一九六一）は後に上京し、報知新聞で「太閤記」などを連載した。荻原井泉水は河東碧梧桐《へきごとう》に師事し、俳誌「層雲」を創刊することになる人物である。

面白いことにこの時代は、新聞記者が入社するとこのような形で入社の決意を述べることが多かったようだ。例えば明治三十五年（一九〇二）には、同じ福島民友新聞に伊藤宗十郎記者ら三人の「入社の辞」が相次いで見られる。それぞれ次のような抱負を述べており、当時の新聞をめぐる雰囲気を知ることが出来るだろう。

【伊藤宗十郎記者】本紙編集の末席をけがして読者諸君にまみえんとす。吾輩の皮下に熱あり、血あり。眼前にみなぎり来る社会の濁流は、吾輩の熱をしてあがらしめ、血を激せしむか。吾輩は一管《いつかん》の筆に託してこの濁流にただよい、読者の示導により彼岸に向かって進まんとす。
【石山福治記者】われ民友社に入り福陽文壇の末班をけがす。信夫《しのぶ》の山下に気清きところ、阿武隈の流れとうとうたるほとり、静かに筆硯《ひつけん》を洗うて浮世の累《るい》と戦わんことを期す。
【村上栄三記者】一枝の筆をふるって二本の箸に拮抗せんとす。予のあるはただ至誠の二文字であり、そのすべてを尽くして職分を尽くさんと欲す。予の至誠が世の人々に裨益《ひえき》するあたわずんば、あいくちをもって胸に擬し、その失敗を謝せんことを思ふ。

（いずれも福島民友新聞『百年史』より）

◇

入社した木村よしのが、どのような仕事を担当していたのか、わからない。紙上に彼女の記事が姿を現わし始めるのは、入社から七日後の五月十四日のことである。

この日朝刊の第一面に、訪問「本県師範女子部」（一）と題した連載記事が始まる。執筆者は婦人記者YSNとイニシャル文字で表記しているが、入社して間もない木村よしのであることは明らかだ。

訪問
●本県師範女子部（一）

婦人記者　ＹＳＮ

薄目の絹張洋傘から漏れる熱《あ》つい日線に正面から照り付けられた紅い顔で、当市舟場町の女子部第一寄宿舎の門前に佇立《たちどま》ったのは記者である。

時は去る十日、外出日の午後三時ちょっと廻った頃いつも寂しい門内が海老茶の女生徒で賑っていた。記者を見ると皆慇懃《いんぎん》な挨拶をされる。中にはお辞儀のつぎたしが要るほど丁寧な方もおられた。どなたも皆装い飾らぬ自然の中に、何となく奥床しさが隠れて言い知れぬ嬉しい感じがした。お玄関に立てば、中程に編上げの男靴が行儀よく揃えられてあった。お客様だなと心でつぶやきながら、「舎監の先生はお出で御座いませう？」と、下駄箱の前でおづおづしておられたお一人に向かってこう尋ねると、「はい」と淑《しとや》かにうなずかれて長い廊下の奥に影を消された。間もなく質素な木綿衣に紫の袴《はかま》はかれた若々しい才女らしい舎監が出てこられた。記者の差出す名刺を御覧になって一寸すまぬお顔を遊ばしたが、たちまち微笑《にこやか》な愛嬌の有るお眼で「さあ何卒《どうぞ》こちらへ」とおっしゃった。広いお玄関の片隅に心して後の擦《すり》へった下駄をぬいで上れば、傍に立っておられた最前の女生徒が上草履《うわぞうり》を出して揃えて下すった。「有難う御座います」とお礼を申上げて、舎監の後について和洋混合の応接間に通れば、黒の洋服に八字髭の厳《いか》めしいお客様がお二人椅子にもたれて何やら話しておられた。舎監のすゝめて下すった椅子に腰を下せば、隣れる方はちょっと椅子を記者の方へお向けになった。「じゃ先生、生徒の部屋の方を御案内致しましょう」と舎監は記者に茶を進めて「一寸失礼致します」と言い置いて、二人の洋服紳士を導いて出て行かれた。正面に掛けてある舎監札を雑記帳に書き取った。「鈴木ふみ」「生方春成」今の先生は鈴木様とおっしゃるのかしら、それとも生方様と申上げるのかしら？　時間表や生徒の名簿などただ無意味に眺めておる。右手の壁側に寄ったテーブルには、杜鵑花《つつじ》の花の紅いが姤ましい程艶《えん》な風情を見せている。南と北が開放されているので時折涼しい風が素通りして行く。見廻したところ何とはなしに総体の調子がごたごたと不調和な感じはあるが、女の部屋だけに掃除も整理も手落ちなく行届いて不快な感じは起らない。堪えず二三人づゝ組をなした女生徒の方が這入《はい》ってこられて、隅のテーブルで何か書いてはしとしとと出て行かれる。記者を見ると畳の上へすわって平蜘蛛《ひらくも》の様にお頭儀《じぎ》をされる。椅子に掛けたまゝ御挨拶申上げるのは何となく勿体ない様な気もする、又拝み倒されてるのじゃないかなどゝ、余計な僻《ひが》み根性までが飛び出す。女生徒と言えば一口に実際に適せぬ者、まだ有りもせぬ婦人参政権運動や選挙権要求運動などの空論に肩を凝《こら》せ、袴《はかま》の下から曲線美を振廻して、いざと言わば提灯《ちょうちん》持ちや旗振りの労も取り兼ねまじき意気鬱勃《うつぼつ》の娘ばかりで、人の見ないところでは摘《つま》み食いの手遊びなどをやるという跳上《はねあが》りとばかり心得ている仁は、ちと瞳孔の位置の狂った方ではあるまいか。

記者の拝見した皆様は、未来の教育者を背負って立つに恥かしからぬ真摯《しんし》厳粛な方ばかりであった。

やがてお玄関の方で人の辞し去る気配がした。間もなく前の舎監が「どうも失礼致しました」と言って這入《はい》ってこられた。

（五月十四日）

訪問

●本県師範女子部（二）

婦人記者　ＹＳＮ

ほっと椅子に腰を下された舎監のお顔には、幽《かす》かな疲労の影が仄見《ほのみ》えた。記者は「お多忙《いそが》しいところお邪魔致しまして相済ません」と言うと、舎監はあわてて打ち消されて「どう致しまして。どうぞ御ゆるり遊ばして」「この二三日は又めっきりお暑くなりましたね」「左様で御座います。福島《こちら》は気候が不順で御座いますから……お出になったのは近頃でいらっしゃいますね。只今までどちらに？　あゝ左様でいらっしゃいますか、東京はよろしう御座いますね。社の方はさぞお多忙しう御座いましょう」舎監はどこからどこまで、落ちの無い人をそらさぬきびきびした応対ぶり。折りを見て冷めかけたお茶を汲み代えて下さるなど、只もう恐れ入るの外はない。

記者は、話しの途切れ目を見て簡単に来意を申上げた。

舎監はちょっとお考えになって、あゝ左様で御座いますか、よくお訪ね下さいました。なにぶん私共の学校では、御存じでも御座いましょうが世間とはまるっきり縁の遠い方で、従って御来意に対してお話しの出来るような生徒は一人も御座いません。それに生徒は皆田舎から出て参りまして、直ぐ寄宿舎の人となってしまうのですから、世間という物は全く知らないんで御座いますす。東京辺の方などと違いまして、人に言葉をかけられても、おちおちお答えも出来ないような生徒ばかりなのです。おつきあいと言っても級《くらす》の生徒同志か、お部屋の四五人なんで御座いますから、人様の前でお話しの出来そうな人は一人も無いと言っても宜《い》いくらいなんで御座います。

（五月十六日）

訪問

●本県師範女子部　㈢

婦人記者　ＹＳＮ

「何にせ一週に一度、叔父叔母を訪ねるか、保証人を訪《と》うくらいが関の山なんで御座いますから」後はよろしく御推察をといった風な余韻を残して、傍からお口を添えられたのは後から這入ってお出での四十前後の弱々しい舎監。

　ほどなく三四人の女生徒が這入ってこられて、記者を見て躊躇《ためら》っていらっしゃるのを、お若い舎監は優しく「さあお出しなさい」とおっしゃって生徒の差し出す外出簿らしきに印判をおして渡された。

「ちょうど今日は外出日で御座いますので、あいにく誰も残っておりませんで……外出日で御座いますか？　はい一週に二回水曜と日曜で御座います。生徒はもうこの日を待ちきって、たくさんたまって居る買物をしたり郵便為替を受取ったり親類を訪問したり、短時間内で多くの用事を済ませて帰るのですから、かなり忙がしいので御座います。それにこの頃はトラホームが流行《はや》りまして、その方の療治に病院へ参りますのも御座いまして外出日は大方空になります。四年級の生徒でもおりますればまだよろしう御座いましたが、あいにく京阪地方へ修学旅行に参りまして。折角お出下さいましたのに」

「いゝえ何、今日に限った事は御座いませんから又そのうちお伺い致しましょう」と記者の立ちかける気配を見て取った舎監は、「どうぞ御ゆるり遊ばして。私共はもう生徒が帰ります迄ひまなんで御座いますから」と二人の舎監は幾度かお留めくだすった。御丁寧にお玄関までお見送り下された二舎監に敬礼を残して往来に出た。

師範学校の塀の外へはみ出した青葉の桜に微風が渡って、町には夕方の影が行き渡っていた。女子部の空気はこうしたものかと、しみじみ感じた。

（五月十七日）

よしの記者が最初に訪問したのは、師範学校女子部の寄宿舎だった。

この種の訪問記事は当時よくとられた取材手法で、記者の訪問とインタビュー取材を通じて、読者があまり目にすることのない社会の実相を紹介するとともに、記者が感じた思いや印象を述べる形の記事だ。

福島には大学といったものがない。取材の手始めに師範学校を訪問して当代女学生たちの〝現代っ子気質〟といったものを取材してみようと思ったのではないか。

彼女が訪問した師範女子部というのは現在の福島大学のことで、第二次世界大戦後の学制改革で発足した学芸学部（教育学部）の前身である。その沿革は古く、明治九年（一八七六）福島県の誕生とともに当時の福島県、若松県、磐前《いわさき》県にあった三つの教員養成学校を引き継ぎ、福島師範学校として発足。明治二十一年に福島県尋常師範学校と改称し、女子部も開設された。入学資格は十六歳から三十歳、修業年限は三年だった。

その女子部は記事にもある通り、福島市舟場町《ふなばちょう》（旧福島町南裏通り、最近まであった県庁東分庁舎付近。現在は県警本部庁舎が建つ）に校舎があった。県庁東分庁舎には「福島県師範学校・福島県女子師範学校跡」の記念碑が建てられている。女子部はのちに大正十二年（一九二三）分離して福島県女子師範学校となるが、昭和十八年（一九四三）に再び男女統合する。

木村よしのが師範女子部を訪問したのは、文中にもある通り五月十日のこと。その訪問取材を十四日、十六日、十七日の三回に分けて連載している。いわば記者としての〝デビュー記事〟であるが、入社から短期間でいきなりこれだけの仕事、かなり経験の豊かな慣れた仕事ぶりがうかがわれる。

しかし、後に連載する「女から見た女」と比較するとどうだろう。最初の仕事だけにやはり彼女なりの緊張というか、慎重な姿勢が伝わってくる。

それでも連載第一回の後段では、早々と、

「女生徒と言えば一口に実際に適せぬ者、まだ有りもせぬ婦人参政権運動や選挙権要求運動などの空論に肩を凝せ、袴の下から曲線美を振廻して、いざと言わば提灯持ちや旗振りの労も取り兼ねまじき意気鬱勃の娘ばかりで、人の見ないところでは摘み食いの手遊びなどをやるという跳上りとばかり心得ている仁は、ちと瞳孔の位置の狂った方ではあるまいか」

などと激しく書いてしまうなど、彼女らしい本領というか、自身の本音らしき部分をのぞかせてしまっている。

この記事でもうひとつ、注目すべきことは彼女が「福島に来たのは近頃のこと、それまで東京にいた」とはっきり述べていることだ。おそらく師範女子部で舎監の先生は、五月七日の福島民友新聞紙上に出た木村よしのの入社記事を読んでいて、取材にやって来た彼女の来歴を軽い気持ちで尋ねた。それに対して答えたものらしいが、それまで東京にいたということが彼女の素性をさぐる上で極めて重要な意味を持つことになる。

◇

次の「潜《もぐ》りやの八十婆《ばばあ》」と題した連載は、福島市稲荷神社の裏小路にある男女の密会場、御料理すし澤田屋という角行燈《あんどん》を掲げた待合《まちあい》をたずねた風変わりな一編。ここでも木村よしのという記者の人間性、強烈な個性といったものが次第に明らかになってくる。

当時、何人かの記者がリレー形式で執筆していた「浮べぬ浮世」という連載に組み込まれた一編である。この記事から婦人記者ＹＳＮではなく「芳野」と名前を明示しているが、彼女の実名ではないかと思われる。

●浮べぬ浮世／潜りやの八十婆

△淫窟の珍客は婦人《おんな》記者

当市稲荷境内の東南隅を、北裡《きたうら》の通りへ抜ける細い暗い裏小路がある。出抜けようとすると右側に「御料理すし澤田屋」と書いた角行燈の小料理屋がある。

記者は一昨日の昼頃、ここの薄汚い灰色の暖簾《のれん》を掻き分けて案内を乞うと、若い女が障子を極めて細目に開けて黒眼ばかりパチリと記者を覗いて見た。そしてそのままピシャリと閉めて出て来る気配もない。失敬な事をするおんなだなとひどく癇《かん》の虫の御機嫌を損ねたが、しばらく待つと入れ代わって障子を開けたが白髪頭のしわくちゃ婆さん。記者を見ると何と呑込み違いをしたか、さも一大事らしく声を密《ひそ》めて「上らんしょ、誰か待合せらんだべっし」面喰わざるを得ない。記者を密女と勘違いしている。あわよくば巧くばつを合して、色女の早替りと洒落《しゃれ》てみようかと飛んだお芝居気を出して見たが、ぶまを演《や》って余計な恥をかくよりはと、先々泰平主義を取って真っ正直に本性本名を明かしてしまった。

△来らんしょ恰度《ちょうど》奥の座敷が

正体を自白に及んだが、老婆は信ずる気色更になし。万事呑込んでいると言った風なケロリとした顔で「奥の座敷が丁度あいているから。ここでは人が出入りしてわりぃから、こっちさ来らんしょ」と座蒲団を持ったまますたさっさと立って奥の方へ行く。御商買《しょうばい》がらとは申しながらあまりに御職業に御熱心なるに敬服申上げた。「はぁ新聞書かはる人？新聞書きかし、貴方《あんた》は何の御用なんだなっし。俺昔人《むかしもん》で何にも知らねいが」初めて意外な顔をする。

△羨しいほど達者な八十婆さん

この老婆、名は齋藤おちゃう。頭から足の指先まで御見受けしたところ梃子《てこ》でも動かぬという、巖丈《がんじょう》づくめな胆汁質的の肌合いの老婆である。渋を引いたような顔色に、骨格も男にして見まほしき逞しさ。「俺生まれは仙台だが、福島へ来てから四十六年になりやす。ここさ引越してから十三年、その間種々な面白い目にも会いヤした。取って八十になりやしたが目も耳も不自由ねいし。歯もこの通りだし、人は年に似合ぬ若い若いって言いヤすが、やっぱり商買が商買だから年も遅そう取るんだっべしアハハハ」梅干の引締ったような口をいっぱい開けて笑った。顔色も得意気に赤い血が心持ちほとばしった。

△爺夫《じいさん》を葬式日の述懐

　思慮分別も昔の夢、後世安楽を願う年配も過ぎて仏の数に入ったとて心残りの無い高齢ばえなるに、おちゃう婆様の**灰のような五体にもまだ色気の余燼《ほとぼり》が埋れていた**。

「爺様と二人暮しだったがなし、三日前に死亡《なく》なりやした。今日の葬式だし。稲荷角にお湯屋あっぺいし、あの隣りの豆腐屋が爺さんの息子の家だがなっし、あそこから葬式出すのし」

　こう言う老婆の句調も声音も極めて平気なもの、隣の猫の子が死んだ程にも思っていない。浮世の塵あくたが染み込んで血も涙ももう涸れ切るのであろうか。人の生死などしみじみ悲しむ気にはなれないのだろう。否々《いないな》「**この爺さんでは苦労しやした**。爺さんというのはお前、東京の牛込の人でなっし。夫婦になってから四年目に色女を見つけて、信夫《しのぶ》橋の先の郷の目という所にお前十一年も新世帯持って居やしたが、食うようも呑みようも無くなって、よくよく詰らなくなって泣きついて来たから可哀相になって又入れてやったのし。その爺様が三日前死にやしたんでなし……（芳野）

（五月十八日）

●浮べぬ浮世／潜りやの八十婆

△梅干の味

梅干の味は酸《す》い酸《す》いと粋とは語呂が通う。この婆様五体が巖丈なばかりでなく珍しい粋な気性を持っている。一度ば背中を喰わした爺さんでも懐中に泣き込んで来られれば、昔の事などさらりと水に流して再びもとの爺さんで可愛がってやるなど、なかなかおつだ。婆さんのようなのが所謂《いわゆる》酸いも甘いも何とやらという人なのか。

△好きな物は猫

突如《だしぬけ》に記者は「婆さんお念仏は嫌い？」と尋《き》くと「あんまり好きでもねいなっし。先ず俺の好きな物は猫ぐらいのもんだ。何故好きってお前、あいつは犬などのような根性好しと違って、**場合によっては毒にも薬にもなる奴**だからなっし」この言葉はよく婆様の性格を表している。婆様も年こそ取っているが、場合によっては随分毒にも薬にもなりかねない人だ。

「お婆様の商買は羨ましいほど面白い商買ね」

「これでやはり我商買となると人が見たほど面白い物でも無いもんだし。他人様の面白がったり楽しがったりするところをただ無言《だま》って聞いてんのし。数多のお客様の中には随分変わった方も来らはるが、どなたも皆お忍びで楽しみにお出なはんがんだから、**俺に顔見られる事好まねいし**。俺も又覚えてべいという意気地もないから、同じ人が十遍来らはんべいが二十遍来らはんべいが、さっぱり知らねいで居んのし」

なるほど猫が好きらしい。たまにはイヌにもなるのだろう。

△形勢頗《すこぶ》る穏かならず

「イイエ、家さは酌婦置かねいし。そうだなしこの節は気候の変り目でお客様もたんと有りやす。貴嬢も閑な時は度々お密びで遊びさ来てくださんしょ」

この婆さん、記者をいいように手玉に取ろうとしている。人を馬鹿にした、安く値踏むもほどのあるをと怒る記者が野暮《やぼ》の骨頂かも知れない。どうせこんな婆さまは、**人間と見りゃ皆直ぐ自分の肥やし**にしようと心得なさるに違いない。ぐずぐずしておれば、齢八十のこの老婆に背負投げも喰わされそうな極めて不穏な形勢。

△婆さんの追撃

急に怖気《おじけ》立ち、先々無事な中に引上げるが最も賢い戦術であろうと、苦しい痩せ我慢で自分を胡魔化《ごまか》し徐々《ゆるゆる》退却の支度に取掛かれば「まだよかっぺいし、今一服呑んでがんしょ」と引留る。その追撃の猛烈さ、記者はそれを優しく抑えて暇を申せば「そうがっし、それじゃまたこんな取込んでいねい時ゆっくら来てくなんしょ。あいにく今日は葬式で混雑々々《ごだごだ》してやしたから、この次には面白い話をたくさんして上げっから是非来てくなんしョよ」

△別れ際の印象

出口の障子につかまってこう言った婆さんの顔は、薄暗いお部屋の中で拝んだ時より骨張ったでこぼこの多い、先ず現代語を拝借して「**複雑な顔面**」とでも申しましょうか。深い皺も幾條《すじ》となく目立って、浮世に辛苦の名残りが執念深くその皺の溝のどん底にこびり着いてるように見える。腰の骨組もピシリシャン、世間並みの年寄を見たら婆さんの眼にはチャン茶羅《ちゃら》おかしく映るだろう。………さよなら。

△角行燈萬歳

おちゃう婆さん永久《とこしな》へに若かれ、幸福なれ。婆さんがあのようにして暖爐《おかろ》の辺にケロリと納り返って鎮座ましいます限りは、角行燈の「千客萬来」が請合い、商買繁昌いわずと知れた事であろう。さらば人生七十古来稀なるレコードを一昔も以前に破って、今ここに浮べぬ浮世の話し種と聞かれたなら「新聞書かはる貴方《あんた》もお若くて結構だなし」と婆さんニヤリニヤリ笑うであろう（芳野）

（五月十九日）

（注：傍線の部分が強調され、大文字で表記されている）

波乱に富んだ八十婆の人生行路。今日が死んだ夫のお葬式だというのに、隣の猫の子が死んだほどにも思っていない。その潜りやのおちゃう婆さんと、よしの記者の掛け合い、心理合戦が面白く描かれている。いったい、木村よしのとはどんな人間だったのか……読む人をわくわくさせてしまう一編ではなかろうか。

なお、記事に出てくる「北裡通《きたうら》り」という界隈は、江戸時代から栄えた福島の代表的な歓楽街である。当時の様子は、北裡商店街のホームページでこんな風に描かれている。それを少々引用させていただく。

「さて、北裡界隈は『色街・花街』として有名でしたが、小料理屋や待合以外にも娯楽施設がたくさんありました。例えば明治時代ですと、稲荷神社の北側にある、今のセントラルハイツの所に『新開座《しんかいざ》』という劇場があり、歌舞伎や大衆演劇などの公演が盛んに行われ、劇場の周りには役者名の入った鮮やかな幟《のぼり》が並び、芝居を観に来た客や役者の追っかけなど多くの人びとで賑わっていました」

ちなみにこの北裡では、美人画の竹久夢二や福島民友新聞の歌壇で有名になった佐藤嘲花《ちょうか》（一八八七〜一九二二）などが遊んだという。木村よしのは、このあとの連載を書くため北裡にあった「新開座」という大衆劇場で上演中だった活動写真の女弁士や舞台女優を訪ねることになる。

第二章　授産場訪問

「ようやく強くなって行く日光にめっきり緑深くなった、桑の嫩葉《わかは》がぐったりする日中、桑畑と桑畑との畦道を通って行くと、軟らかい風が面涼しく吹いてどこからともなく松の花粉がぷんと飛び散ってくる。福島の代町《だいまち》といえば東の町端れで、位置から言っても生活状態から言っても自然注意の眼から逸《そ》れ安い場所である。それがまた授産場《じゅさんば》に取っては結局平和なので、四辺青々とした桑畑で取囲まれた様は、行来の繁き都会生活の人には想像の出来ないほど呑気《のんき》でかつ幸福なのである」

こんな書き出しで始まる「授産場訪問」は、五月二十日、二十四日、二十五日の三日間にわたる連載。誕生して間もない民間の救護施設、福島慈善授産場に彼女らしい温かいまなざしを向けた珠玉の訪問記事である。

福島慈善授産場とは、明治期に福島市にあった民間の社会福祉施設の第一号で、私も木村よしのの記事で初めてその存在を知った。明治四十三年（一九一〇）五月、授産場みずから発行した三十数ページの貴重な『沿革誌』がいまも福島県立図書館、国立国会図書館にも所蔵されている。その沿革誌は、

「明治三十五年九月に於ける東北地方の暴風雨は家屋を潰倒《かいとう》し人畜を死傷し近古未曾有の惨害を逞《たくま》ふし、加ふるに稀有《けう》の凶作と云ふ災危に遭遇したる。

農民は勿論商工業者一般不振を来たすに至り細民をして一層困窮に陥らしめ、食ふに餌なく着るに衣なく遂には父子相抱て飢餓に叫び或は夫妻相病て凍餒を訴ふるの悲哀極まる惨状を呈するもの頻出するに到れり。

此の時に方り不肖留吉（筆者注・創立者の菅《かん》藤留吉《どうとめきち》氏、福島市大字腰浜字代町二十七番地）親しく其窮状を目撃し転《うたた》た同情の念に堪へす無告の窮民を救助するは最も焦眉の急務なることを認めたり。

然りと雖も身は素より貧にして資産あるに非らす、左りとて此儘看過したらんには憐むへきの窮民は啻《ただ》に餓死に瀕するを待つの外なき状態

明治 37 年頃の福島慈善授産場（国立国会図書館蔵「沿革誌」より）

なれは一時も猶予するに忍ひず。窃かに期する処ありて先つ第一着手として有志者の同情に訴ひ米麦衣類金品等の施しを収集し、市内の窮民中其の最も甚しきもの八戸に施与したり」

と記している。

明治三十五年九月の暴風雨とは、福島県内で死者九十一人、家屋全壊一万一千余戸にのぼる大きな被害が出た台風のこと。これが未曾有の凶作となって細民を飢餓に追い込んでいく。当時無名だった菅藤留吉氏・多與子さん（木村よしの連載ではたよ子夫人と記載されている）夫妻が、明治三十五年十一月に私財を投じて始めたのが福島慈善授産場である。以来、明治四十二年まで疾病障害者、窮民、行旅窮迫人《こうりよきゆうはく》、乞食、棄児《すてご》など合計四百六十八人を救済、収容したとある。明治四十二年から四十三年にかけて、内務省から二回の御下賜金、福島県庁や元福島県知事の遺族からも御下賜金や寄付金が贈られており、このことは木村よしの記者が連載のなかでも触れている。

●授産場訪問（一）

……（前段より続く）無雑作な櫛巻《くしまき》につぎはぎの粗末な着物を着た五十近い体格の立派な温厚篤実らしき婦人、この方が授産場長菅藤留吉氏の奥様たよ子夫人である。

同夫人のおっしゃるには「はい、これを始めてから今年で十年になります。その間種々な人を取り扱いました。一時は貴方、雪が降ろうが鎗が降ろうが大きな手桶と紺風呂敷とを背負って、毎日欠かさず市内の料理屋やそばやの残物を貰い集めて歩きやしたの。そんな難儀をして皆を養いやしたが、今では大変楽になって幸福で御座いやす。その時分、三新聞で感心な女だなんて賞賛《ほめ》て頂きやした。まあこんな事があったりしたので一層励む気になりやしたの。それから明治四十二年に内務大臣から百円、奨励の為めだてんで頂戴いたしました。なに他人様から大金をくれるからと言われたって、心から好きでなければ出来ない仕事でなっし。こうして世話してみると、自然情が移って肉親ときり思われやせんのし。只今は学校へ行ってる子供が十四人、それに五ツから三ツ位の児と独り歩きの出来るようになった巣立《すだ》ち子が八人ばかりも家に残って居やす。総体で五十七人いやした。女で裁縫の出来る者は裁縫、出来ない女や男共は内職に草履の緒をくけたり結《す》げたりして、皆仲好く一生懸命に働いてくれやす。私達も随分苦労しやしたから、何が苛《つら》いと言って、喰う事の出来ない程非惨《ひどい》事は世の中に有りやせんから。難儀な人には出来るだけ情をかけてやる覚悟でおりやすので、一度だってこの仕事が厭やだと思った事は有りやせん。皆を面倒見るのが楽しみでござりやす。今に子供達が学校から帰りやすから御覧なすって下さいまし、喧嘩や泣き声で大騒ぎで私は毎日その裁判官ですよ、オホホホ。どうしても親のある子は仕末が悪う御座いやす。頼る心があるから鼻先きばかり強くて少し風向きが悪くなると「お母やあん」と言うんでやす。そこへ行くと親のない子は大概外見《うわべ》は弱々しいように見えやすが、内心はしっかりしてやす。けれども親が有るべいか無がんべいが乱暴する子は遠慮なく叱ってやりやすが、叱られた後からお母やんお婆やんと懐《した》われるので、時には涙の溢れるほど可愛くなりやすの……（芳野）

（五月二十日）

●社会／授産場訪問（二）

お内儀（菅藤たよ子）にお願いして、皆様のお部屋、仕事部屋、病人の部屋、食堂など漸次に拝見さして頂いた。お部屋は三畳も四畳もあって人数の都合で大小の相違がある。二十畳ほど敷かる大広間でたくさんの男女が外見《よそめ》も羨ましいほど睦まじく、せっせと草履の緒を結《すげ》ている。どなたも古びた木綿ながらこざっぱりとして、接する人に不快な感じを与えるなどという事は毛程もない。各室共に掃除も行きとどいて奥様御夫婦の行き届いたお心づかいのほどが思われる。皆様の幸福のほどもしのばれて、そぞろ嬉しい感じがした。

この大広間の上手寄りに小奇麗な仏壇がある。中にはまだ生新《なま》らしい白木の位牌が正しく並んでいる。じっと凝視していると、言い知れぬ淋しさが胸にこみ上げてくる。けれども地下に眠る彼ら位牌の主も、定めし満足している事だろう。流離《さすら》いの身にしあればいついずこの道端、山の奥で人知れず野倒《のた》れ死にしなければならなかったかも知れまい身が、上げ下げから香花の世話まで受けているのだもの。何で喜ばない道理があろうか。

病室には足のわるい老人、腹痛に悩む老婆、足腰の自由を失った女などもいた。これらの人は下の物の世話まで受けているとの事で、病室は日当たりがよく風通しもよくまことに結構な造りであった。この静かな部屋で慈善《なさ》け深い人の心をこめた看護を受けている病人の為めに平癒の日の近からん事を祈った。

広々とした板敷きの仕事部屋には、女が片隅に寄り集まって草履の緒を結《く》けていた。その横手に厚い藁蒲団《わらふとん》にくるまって虎馬鹿《とらばか》という二十前後の、いかにも馬鹿馬鹿しい顔の男が長々と大の字なりにふんぞりかえって遊んでいた。「虎、どうした加減が悪いのか。お客様だから歌一ツ唱《うた》ってお聞かせしねいか」お内儀大声にこう言うと、虎さんケロリとした顔で起きなおり「厭だ厭だい、唱《うた》ねい唱ねい馬鹿野郎厭だい」取りすました記者の頭から猛烈な痛罵《つうば》をあびせられ、いささか恐縮つかまつらざるを得なかった。

ここを出て食堂の方へ来る途中、ニヤニヤ笑いながら近寄って来る四十近い嬶様《かみさん》がある。薄気味悪くなってこの方は何ですかと奥様に尋ねると、奥様はその嬶様に「おいお光ざん、大変嬉しそうだな」「あい、どこからこらった人だい。お前の背なか見っせい、長い尻尾ぶら下がっているから。アハハハハハ、俺取ってやんべいか」お内儀はいい加減にあしらって置いて「この人はね、誠に気の毒な人で気狂いなんだぞし……」（芳野）

（五月二十四日）

●社会／授産場訪問（三）

菅藤さんのお内儀は、なおも狂女《きょうじょ》お光を顧みて記者におっしゃるには「大して乱暴もしませんが、夜中に人が静まると突然飛び起きて蒲団をちゃんと背負って（はい、これから行って来やんす）なんて**部屋々々を廻ったり、**人が知らずにいると往來に飛び出すんだぞし。それには毎度困らせられやすが、その外はいたって柔順《おとな》しい気狂いで手数もたんとかかりません。この人の身の上には本当に哀れな物語がありやしてなし。それが為めせまい女心が取り締まってこんな気狂いになってしまったんだなし」

お内儀は言葉少なにお光媽様《かあさん》の気狂いになった訳を話された。お光媽さんは恋しい亭主に捨てられて、年若い息子の行末を楽しみに貧しい暮しを立てているうち、世話する人のあって息子をある商店に小僧奉公に出した。主人の信用も厚く実体《じってい》に働いているうち、どうした悪魔の魅《み》いりおってか耽溺《たんでき》の妙味を覚え、歓楽の味骨身にしみるにつれて主人の金をつかみ出し、苦い意見も度重なった揚句の果てが**惨めな牢獄生活**。息子一人が命の綱にせちがらい浮世の微かな光を頼り、弱々しい影のような命を一日一日とのばして來たお光媽さんは、思いあまってとうとう気が狂ってしまった。お光媽さんの魂はいつになったら正気づくことやら。お光媽さんばかりでなくここにこんなにして養われている人の**多数は女である**。それも大方は二三人の子持ちで、お内儀の話によるとこれらの女の多くは子供の為に、亭主に死なれても捨てられても恨みもせず悲しみもせず専心《せんしん》子の成長をのみ願う可憐の女性であるそうな。多数の中には稀に亭主に死なれたのもあるが、その多くは捨てられた人であるそうな。**捨てられた何と言う情けない悲惨《みじめ》ったらしい言葉だろう**。また女としてこれほどの侮辱はなかろう。こんな侮辱を蒙《こうむ》りながら恨みもせず悲しみもせぬ可憐の女性等は、何の為に捨てられたか、また何の為に自分を捨てた人を恨みもせずしかもその憎むべき人のかたみの為に自分の一生を埋れ木に送らねばならぬのか。恐らくは何も知らずに暮しているのだろう。世に**自意識ない女ほど哀れなものはない**。故に無意識に生き無意識に滅びて行く憐れの女性には、なほさら幸福なれよと祈らざるを得ぬ。呪われた運命の余生をつつがなく送られよ。おのれの全身を打ち込んだ子等に対して、後日の憂いなき事を祈っておきます。

また広場で戯れている無邪気な子供等よ、汝等も自愛せよ。御身等の為にはかない余生を楽しみつつある哀れの母親がある事を忘れたまうな。記者はこれでお暇をいたします。顧れば記者の後ろ影を子供等は好奇心に輝く眼で見送っていた。記者の眼からは感味の解らぬ涙が頬を伝わった。（芳野）

（五月二十五日）

（注：この記事でも傍線の部分が強調され、大文字で表記されている）

すごいものだ。思わずため息が洩れてしまった。単なる訪問記を超えた珠玉の一文ではなかろうか。もう何も付け加えることはないが、ただひとつ付記すれば、当時の新聞は明治の早い時代から「社会福祉」に目を向けていたようだ。福島民友新聞百年史を見ると、明治三十四年一月、井上国太郎記者が社会福祉問題を扱う「孤児院」の連載を行っている。孤児の救済をねらいとして、遠くは岡山県に足を運ぶなどして六十余回に及ぶ大作だったと書いている。また、日本で最初の女性記者として名高い松岡もと子も、岡山孤児院の参観記を連載している（江刺昭子著『女のくせに——草分けの女性新聞記者たち』参照）。ここにジャーナリズムの原点があるような気がしてならないのである。

ところでこの「授産場訪問（三）」が掲載された同じ五月二十五日の第三面、「浮べぬ浮世／浮ぶ瀬」という連載でもこの福島慈善授産場のことを取り上げている。執筆者の記載がなく不明であるが、あるいは同僚記者の筆によるものか。参考のために紹介したい。

●浮べぬ浮世／浮ぶ瀬（第15回）

浮べぬ浮世の荒波に浮きつ沈みつ幾度か、絶えなんとせし魂の緒をようやく情厚き福島授産場に救い上げられ、ここ幾年の歳月を事なう送り来りし青木お玉（四四）の前生涯こそ、聞くもなかなか涙の種である。

食堂に隣れる三畳の部屋がお玉婢さんの朝夕親しむ部屋。そこに裁縫の手を休め、五月下旬の暖かい日光を浴びて静かに語るよう。

「はい、私は仙台の生まれでございますが、福島《こっち》さ来て二十八年にもなりやす。その間亭主と共稼ぎで、貧乏ながらその日その日の米位には不自由しねいで暮らしていやすと、亭主が突然に病気に罹かりやして、三人の子供等《こめら》を残して死んで終《し》まいやしたの。その時は本統にどうすべいと思って惘然《ぼんやり》気抜けがして涙も出やせんでした。いったい吾は不仕合な生まれ性で、生まれ落ちるとから種々な憂き目にも会いやしたから大概の難儀は辛抱できるつもりでやすが、片時ふところ離れねい弱い赤ん坊と聞き訳のない腕白小僧二人も抱えて、何とお前さん宜い分別も出来やすべい。吾が寝る目寝ねいで稼いだって三人の子供を養う目算も立たねいし、ああいっそ……こんな心配をしたって子供等に喰わせっ事も呑ませっ事も出来ねい。こんな腑甲斐《ふがい》ねいざまで親だなんて、子供の手前も面目ねい……いっそ死んで終《あぶくまがわ》まうべい。そうしたら又た誰か不憫に思って助けて下だはる人があんべいからと、こう思って逢隈河の河畔をぶらぶらした事も何遍あったか知れやせん。どういうものか今が今死ぐべいと思う間際まで子供達の姿が目先きから離れねいで、つい不憫になってこんな無分別を出しては死んだ亭主に申し訳がねい。死んだ気になって稼いでも子供達に喰わせっこと出来なかったら、その時親子で死ぐまでの話だとこう気を取り直しては家さ帰って行ぎやんした。

苦しい時は何遍考えてもろくな事考えつきやせんで、死ぐ方にばっかり引っ張られやした。本当にお前さん、何が辛いって子供達に腹減った、腹減ったたって泣かっちゃり強請《せび》らっちゃりした時ほど情けない事はありやせんでした。泣くより酷いってあの事たべいと思いやす。あんまり憐《むご》さくて何《ど》うしたらいいか、気がむしゃくしゃして来《く》っと五体の肉でも引っ掻いて食わせてやりたくなりやしたの。誰に恨みもないが何の因果でこんな悲惨を見んだべいと一人で亭主の位牌にくどいたことも有りやした。

私が今までこうして生きて来たのは全く子供達のある為めで、俺一人ならとっくに死んでいやしたべい。あの時から思うと今は何不自由なく、子供も学校さ出して貰いやすし親切に面倒は見て頂かれるし申し分はありやせん。渡る世間に鬼はねいって真実《ほんとう》だなっし。吾も何の御報恩も出来やせんが、我身で出来る仕事ならどんな事でも致しやす覚悟でいやす。毎日何の心配もありやせん、ただ子供達の大きくなるのを待って、菅藤さん御夫婦に報恩の出来る日を楽しみに暮らしていやす」

語り終わったお玉嬶さんは、述懐の涙でただれた眼に言い知れぬ淋しい微笑を見せた。浮べぬ浮世に浮びきれないものは授産場で止《とど》めをさすことであろう。さりながら因果はめぐる水車も浮ぶ早瀬のあればこそ……（浮べぬ浮世おわり）

（五月二十五日）

第三章　大型連載「女から見た女」

「授産場訪問」と題した連載のあと、五月二十六日からおおよそ一か月間、木村よしの署名記事は見当たらない。いったいどうしたのかと思うと、その空白を経て、あたかも満を持したかのように登場するのが、このシリーズである。

「女から見た女」と題したシリーズは、明治四十四年六月二十四日から七月十三日まで掲載された十四編で構成されており、このような長い連載記事はほかには見当たらない。その意味でも、彼女が福島民友新聞に書き残した〝代表作〟であると言ってもよいだろう。

連載の意図するところは、冒頭でも少し触れているように、世の男性陣はなにかと女性にあれこれと興味を抱く。だからきっと女の側から見た女についても興味が尽きないはずだ。「だから私が社会のあらゆる階級《かいきゅう》の婦人をたずねて、実世間の描写につとめましょう」ということらしい。

彼女が取り上げたのは、活動写真の女弁士、女事務員の経歴ある年若きお方、尺八の女師匠、女傑福田英子《ひでこ》（これは回顧記である）、女優井深玉枝《いぶかたまえ》、師範賄《まかな》い方の女八卦見《はつけみ》（占い師）、造花のお師匠という七人である。しかし世の多くの女性記者がきらびやかな金持ちの名流婦人を取り上げる傾向があったのに対して、木村よしのはもっと違った角度からこの世に生きる女性たちの姿にスポットを当てようとした独自の視点が強くうかがわれる。

これは単なる訪問記を越えている。当代女性の生きざま、悲哀といったものを描くという鋭い視点でつらぬかれているのが特徴である。しかも彼女の傑出した人柄をほうふつとさせる作品ばかりである。

そして読み進んでいくと読者の多くが、彼女はなぜこのように演劇界や芸道等の世界ばかりを取り上げるのであろうか、という素朴な疑問をきっと抱いてしまうはずである。

さらには連載の言葉遣いをみると、なにゆえに彼女は「クエスションマーク」「オーソリティー」といった外来語や、哲学者ニーチェ、婦人解放や女権拡張など、当時はそう普及していなかったはずの難解な言葉を連発するのだろうか？　とその高度な学識や知識にも驚かされていくはずだ。

●女から見た女①

婦人記者？？？

◎「日の本は天の岩戸の昔より女ならでは……」何とかだと殿方はおっしゃいます。吾々《われ》婦人の身にとりまして涙の出るほど有難いお言葉のようにも承わられますが、しかしまた涙の出るほど情けないお言葉のようにも承わられます。真実、殿方が婦人というものを了解してその上でおっしゃって下さることなら嬉しうございますけれども、ニッチェはじめ「女はクエスションマークである疑問の塊である」と申しました。またわが国でも「小人と女は養い難し」とか、「済度《さいど》すべからず」とか、「犯罪の下には女あり」などと言い嘶《はや》されるのですもの。「……夜の明けぬ国」

も御挨拶ですわ。所詮《しょせん》いまだ殿方には婦人というものを本当にお解りの仁がないのでしょ。それですから男から見た女というものに興味が尽きないのでしょ。従って女から見た女というものにもまた興味が無いでもなかろうと存じまして、運《さわ》らぬ筆におこがましくも「女から見た女」の一編を記しまする。

◎追々は社会のあらゆる階級の御婦人をお訪ねして実世間の描写に勉めようと存じておりますが、先《ま》ずいの一番に御免を蒙って婦人記者が俎《まないた》に上り、手前味噌のお料理を槍玉に挙げさして戴きましょ。ここで少しお断わりして置きますが、記者は思い切ってお転婆な熱を吐かせてもらわねば面白くありません。と申しても三面肌の新聞気を出すのではなくて、ごく真面目なのですからこの法螺《ほら》の中に女というものの響きを幾

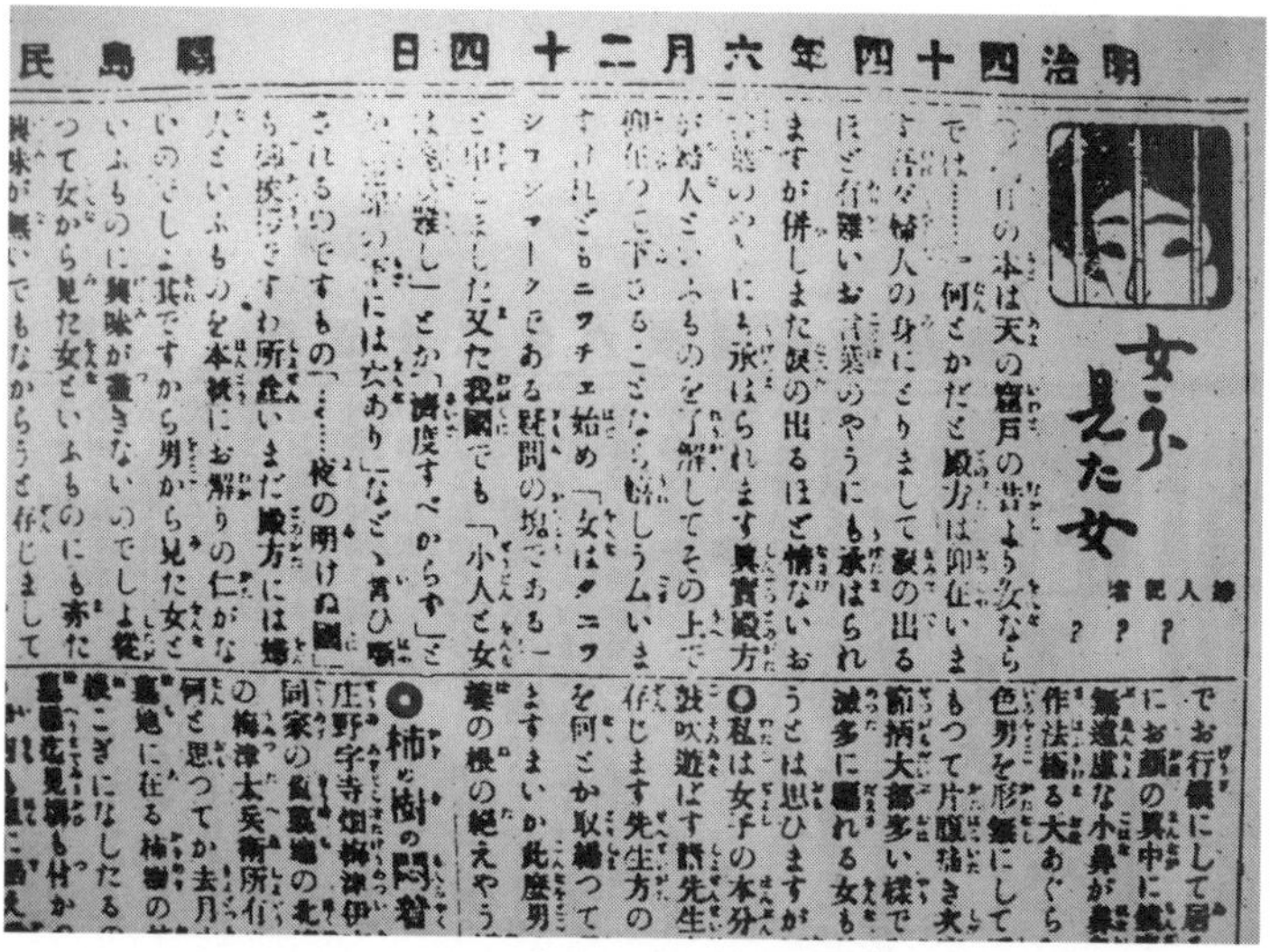
明治四十四年六月二十四日　福島民

女から見た女
婦人記者？？？

「女から見た女」の連載
（明治 44 年 6 月 24 日付福島民友新聞、福島県立図書館蔵）

分でもお聴き下されば、何ほどか喜ばしうございましょ。
◎さて近頃ちょいちょい目撃する事実ですが、まさかに空論家のお先棒に使われて居ると言うわけでも有りますまいが、しきりにお提灯を振り廻して若い婦女子の後を追い廻されたまだ青鼻の臭味の抜けきらない青年学生の多い事でございます。そうして言う事がおかしいじゃありませんか。「僕《ぼかあ》ね、こう見えても婦人解放論者にしてかつ婦人の自由を尊ぶ党派の一人なんですよ」なんて若い女学生や娘さん方の前で臆面もなく言ってのける。何の気で居るのか知らないが、何年前からか小間物店の棚ざらしにあっていい加減虫のつきかけた舶来のチックを思い切り安く値切って頭一面にえ〜えとなすりつけ、何の事はない四ツ辻の石地蔵に鍋をかぶせた形。頭の隅々からきのこの出るのも知らないで、オホンわれこそは桓武天皇七代の後裔《こうえい》と言った顔つきで納っておいでなさる。御自身は礼儀正しく四角四面でお行儀にしているつもりでも、話すごとにお顔の真ん中に鎮座ましますいたって無遠慮な小鼻が鼻息荒くなるにつれ、無作法極まる大あぐらをかいてせっかくの色男を形無しにしてしまう。いやはや何とももって片腹痛き次第で、もっともこんな男は時節柄だいぶ多いようでございますから、この後滅多に騙される女も釣られる女もないだろうとは思いますが、何せ用心が必要です。
◎私は女子の本分とか「なかれ十ヶ条」を鼓吹遊ばす諸先生方にお願い致したいと存じます。先生方のお力でこういう男性を何とか取り締まって戴くわけにはまいりますまいか。こんな男の存在する限り、お転婆の根の絶えよう道理はありません。

（六月二十四日）

●女から見た女②

婦人記者？？？

◎今一回お転舌《しゃべり》をさせて戴きます。前回の引き続きサァーツなんて浪花節じゃありませんけれども、いくら顔を真っ赤にして大力みに弁じ述べたてまつられても、女学校の倫理講話なんかはお転爺《てんじい》の存在する限りお転婆退治の効果など露ほどもないではございませんか。もっともたびたび諸先生方の問題になる女性、かならずしも罪なしとは申されますまい。半分は女性みずからの罪なのに違いありませぬ。その点を少しお察し願いたいと存じます。

世間には、無暗に強がったり威張りたりする事をもって女性の誇りとしておられる方などが少なくないように見受けますが、そういう女に限って最も堕落しやすい危険な素質をもっているんではございませんか。

◎幾ら強がっても威張っても、やはり女は女で内務大臣にも外務大臣にもなれないんですものね。目のある人が見るとおかしう思うでしょ。強がるというのがもう女の弱点なんですもの。こんな女があらばと目を鼠《さら》のようにして、丁度やせ犬が食をあさるように付け狙っている男に出くわしちゃたまりません。「貴嬢《あなた》のような自覚的な生活を送っておられる斬新な女に会ったのは僕は初めてです」などと、目的のためには頭を低うしてうまうま弱点を利用する。そうして女はみすみす弱者になり終わるのである。ですからなまなか解放とか拡張とかいうのは、脆弱《ぜいじゃく》な女をしてますます深みへ陥れるような物で、結果は実に悲惨な物になり終わるだろうと危まれます。

◎元々婦人解放とか女権拡張とかいう問題は、女自ら考うべき事で男性からうながされ注意を与えられたりする迄もない事であろうと思います。第一、婦人解放などと男性から叫ばれるというのは我々女性に取りてこのうえなき侮辱であろうかと思います。

女たる者いたずらに髪飾りや流行衣にのみ眼をくらまされず、よく考えて戴きたいと思います。実際自分自身を解放し拡張していくということは難問題かは知りませんが、旦那様の袂から芸者屋の玉代や怪しい手紙を見つけて、胸倉を取った時の意気と権幕さえあればわけの無いことと存じます。

◎要するに人から眼を開けてもらったり、雑誌の記事を読んでようやく「ああそうか」などと頷くようでは、まだまだ女は男よりも劣った者にされる事はまぬかれません。自ら反省する事の出来ないような女では、やはり一生涯「なかれ十ケ条」の御厄介になって、年中夫の腰で小飼いの猫かなんぞの取り扱いを受けて、一生無意識に何が女やら男やらいっこう理解することなく、幻の世に生きて幻の世に死んで行く夢のような女となって終わるより外、世に浮かぶ道はありません。実際、女性に取っては何とも口惜しい次第ではありますが、手をこまねて傍観しているよりほかありません。

◎もういい加減にして筆を置きましょ。そしてこれから色々な社会の御婦人を訪問に出かけましょ（続く）

（六月二十五日）

これが「女から見た女」という連載を始めるにあたって序文となるものである。当時の女性解放運動や女権拡張問題をめぐって書かれた痛烈な一文と言えるであろう。何度読んでも、本当にこれが明治四十四年というあのオールドな時代に書かれたものであろうかと、驚愕を禁じえない。

「幾ら強がっても威張っても、やはり女は女で内務大臣にも外務大臣にもなれないんですものね。目のある人が見るとおかしう思うでしょ。強がるというのがもう女の弱点なんですもの」

「元々婦人解放とか女権拡張とかいう問題は、女自ら考うべき事で男性からうながされ注意を与えられたりする迄もない事であろうと思います。第一、婦人解放などと男性から叫ばれるというのは我々女性に取りてこのうえなき侮辱であろうかと思います」

このあたりの堂々とした主張は、立派に現代にも通用する女性論だといっても過言ではないだろう。また世の青年学生、男性陣に対する彼女ならではの痛烈な批判は、読んでいる筆者の方が赤面するばかりである。

ところで、何故《なにゆえ》このように木村よしのは婦人解放運動や女権拡張運動のことを書きまくるのであろうか。五月十四日付の「本県師範女子部」と題した最初の連載でも、「女生徒といえばまだありもせぬ婦人参政権運動や選挙権要求運動などの空論に肩を凝らせ……」と書いている。これが伏線となって、この「女から見た女」の連載にいたる。

彼女はこれまでの記事のなかで「福島に来たのは近頃のこと。それまでは東京にいた」と経歴の一端を述べているが、一連の主張は彼女自身がかつての在京時代、その婦人解放運動や女権拡張運動の周辺にあったのではないか、と強く印象づける。このことについては、このあと七月二日付の「女傑福田英子様の事」の項でもう一度触れることにしたい。

ともあれ、「活動写真の女弁士」と題した次の連載を見ることにしよう。

●女から見た女③　活動写真《かつどうしゃしん》の女弁士《べんし》

婦人記者YSN

いきまく風は次第次第に勢力《いきおい》を得て、路傍に落ちこぼれた青葉や藁くずを含んだ砂煙が向かう者は一呑みといったように輪を画いて正面から猛進してくる。こんな中をとぼとぼと行く記者はいかにもみすぼらしい。われながら憐れまれるような気がしてならなかった。塵芥《ほこり》まみれの薄黒い顔で、当市新町北村旅館の前を三、四度こんな事を考えながら行き帰した。

「**玉置美佐子**《たまきみさこ》様が貴館《こちら》にお泊まりでしょうか」

「あの新開座に出てらっしゃる女の方」「活動写真の女弁士……」

いずれも妙でない。ハテ何と言ってお訪ねしたらいいだろー。我ながら度肝の小なるにあきれ、一鞭あてて自分で自分を叱咤し、ツト北村屋へ入り込み「あのー玉置さんて方……**新開座**へ……出て……女弁士の……」自分にも意味の解らないしどろもどろなことを言うと、それと悟った呑込みのいい宿の亭主が奥へ通ずる。「おや私に、どんな方?……」こう言った声はたしかに聞き覚えの有る玉置さんだが、なかなか出てこない。入り替わり立ち替わり**妙な男が顔を突き出して覗く**。ハイカラな男に導かれて座敷へ通される。廊下に華美《はで》な寝巻姿の玉置さんが、ちらと記者を見てどうぞと言う。食事最中と見えて膳部を取り散らしてあって、**牛肉の臭い酒の蒸**《いき》

れで室内の空気はどんより濁っている。向こうの隅には三味線や義太夫本が取り乱してある。柳行李《ごうり》や着物など乱雑に押し込んだ押入れの戸が開いていて、旅稼ぎの荒《すさ》んだ生活が一種の悲哀を語っている。

　玉置さんが粗い銘仙の単衣《ひとえ》に着替える間に「僕はこういう者で……」と名刺を差出した。「Mバテー商会特派巡業頭取徳川久太郎」かれこれする間に記者の四辺は種々の男で取り囲まれた。その中には佐川喜久男という例の愛嬌弁士もいた。こうして見ると、**何のことはない、列強環視という体だ**。危かしいこと夥《おびただ》しい。しかし程なく玉置さんがお茶と菓子を持って入ってきた。女同志の眼は白く光った。舞台で見た時はさほど美人とは思わなかったが、こう眼のあたり顔を合わして見ると、**なかなかの美人**だ。柳織《まゆ》眉の長《ほそなが》い口の角がきりッと引き締まった辺など、何となくきかん気の反抗的な気性が表れている。物言うごとに紅の口唇から金の入歯がギラギラ光って物凄い。落ち窪んだ眼の縁をとりまく蒼い影、眉と眉と迫った間の深い皺、波を打った薄赤い頭髪。まあ、なんという癇癖《かんぺき》の強そうな女だろう。一体に蒼白い顔色など接する人をして悽愴《せいそう》の感を深からしめる。指輪のギラギラ輝く細い手は、指先きにたえず幽かな痙攣を起こして心の苛立《いらだ》ちと慄《おのの》きとを告白している。それを隠そうとして時折り**無理な愛嬌笑いをする**。その微笑にまた何とも言いようのない淋しい暗い圧迫の影が忍んでいる。血も肉も浮世という搾木《さくぎ》に掛けられて搾《しぼ》り取られたか、水々しい艶も潤いもない。何れにしても玉置さんの前生涯は平和なものではなかったらしいと先ず思われる。懊悩《おうのう》苦悶の経歴は玉置さんが語らずとも全風采が語っている。

　ほど経て玉置さんの金歯はギラリと光った。「御存じでもございましょうが、あの女流音楽家の柴田環《しばたたまき》と言うのは丁度私とは従姉《いとこ》同志の仲になっております……」そろそろ玉置さんの青い気焔が始まる、その女性観はいかん（つづく）

（六月二十七日）

木村よしの記者が、連載最初に取り上げた人物は、福島の新開座に来演中の活動写真の女弁士、玉置美佐子だった。この第一編から早くも彼女の鋭い人間洞察力、人物描写の力量には驚かされるものがある。

彼女は、訪問した旅館で女弁士が現われ、最初の言葉を発するまでのわずかな間に、玉置美佐子がどのような女性であるか感じとって次のように表現している。

「落ち窪んだ眼の縁をとりまく蒼い影、眉と眉と迫った間の深い皺、波を打った薄赤い頭髪。まあ、なんという癇癖の強そうな女だろう。一体に蒼白い顔色など接する人をして悽愴の感を深からしめる。指輪のギラギラ輝く細い手は、指先きにたえず幽かな痙攣を起こして心の苛立ちと慄きとを告白している」

「時折り無理な愛嬌笑いに、何とも言いようのない淋しい暗い圧迫の影。――血も肉も浮世という搾木に搾り取られ、その前生涯は平和なものではなかったようだ。懊悩苦悶の経歴は語らずとも全風采でわかる」

まだ入社して一か月。木村よしのがジャーナリストとして相当な力量の持ち主だったのではないか。このような記事はなかなか書けるものではない。脱帽する。

次はその玉置美佐子をめぐる後編である。

●女から見た女④　新開座活動写真女弁士述懐

（前号より続く）閨秀《けいしゅう》声楽家の大立者《オーソリティー》として花形役者として人も知る柴田環女史の来歴など、皆様のよく御存じのことゆえ申し上げません。「私はあの環さんが藤井さんと離婚問題の起きておりますす当時も、やはりあそこから神田の女学校へ通学いたしておりました。随分種々な批難のあった人で御存じでしょう、……あの青木という親戚の男と怪しい関係があったなんて新聞で書き立てられた事……彼の青木というのも私共とは遠縁になっております。あんな紛擾《ごたごた》がありまして私も面白くないお招伴《しょうばん》を蒙りましたので、程なく出てしまいました。いずれにしても女が男から離れて、単身専門の道に行くということは難の多い事だろーと思われます。その間にはまた男には解らない見えない苦労がありますのね。何で活計《くらし》を立てるも同じことですが、こんな卑しい商買を致しておりますと、しみじみ女が厭になります。口の悪い書生様方から罵られたり怒鳴られたりしますと、もう堪まらなくなって、今夜からはどうあっても舞台へは出まい。二十円の月給でこんな事をするより、十円で小学校の教員をする方が清い生涯のようにも思われて、幾度迷ったか知れません。けれども、こんな商買をして一生を終わらなければならないというのも運命ですね。先の世からと申しますとお芝居口調になりますが、女という運命がこう人間を弱くさせるのですね、左様は思いましてもやはり女ですね。見知った方のお顔など見物席に見えますと、何だか冷笑されたような気かして、いっとき安い思いはありません……」

淋しい暗い笑いを浮かべて記者の顔を見た。記者は女という者も、運命ということも厭というほど知っておられる玉置さんにして、なおかつ商買の貴賎とか卑しい職業とか、絶えず心に暗闘があるようではまだまだ遊びの生活、余裕の生活じゃあるまいかと思った。けれどもこの悲しい矛盾撞着《どうちゃく》のなかに女という声が一層強く聞かれるのである。

「これで友達があれば、話し相手になったり悲しい時の慰めにもなって好いかも知れないと思いますが、私のような運命に一人でも多く女を引き入れ……」

玉置さんと記者の視線は、ふとここで衝突した。玉置さんの傍らには夫らしい男がひかえている。大勢の男に取り囲まれた玉置さんは、周辺に気を配って心にもない擬《つく》り笑いをこの時にしなければならなかった。けれども女同志の白眼は無言の時ほど克《よ》く働く。玉置さんの言葉の裏に流れる、言うに言われぬ苦しい思いは記者の胸にはよく響いた。

「なんせ、まだ弁士の玉子で皆様のお世話になるばかりです、役に立ちませんけれども女弁士がいると一寸愛嬌ですから、幾分人気にも関係があろーと思いまして。いつ雛にかえりますことか、おそらく私の生涯は努力と奮闘で終わるのでしょう」

商買の貴賎にかかわらず、その人全部の力を打ち込んだ奮闘はその人自身にとって最も意味のある生活ではなかろーか。それと知りつつ呪われたる自己の運命と戦って終わるということは悲惨な事には相違ない。けれども世にはそれすら出来ない女があるではないか。

「おや、お帰りでございますか。何だかお名残り惜しゅうございますこと。まだ二日ほどおりますから、是非お暇をみてお出ください」

出口で洋傘を取ってくれた玉置さんの青い顔をさけるようにして往来に出た。（よしの）

（六月二十八日）

「玉置さんの青い顔をさけるようにして往来に出た」という最後の結び。ここに木村よしののやるせない思いがこめられているよう。

次に彼女が取り上げた女性は、「自然主義の起こりかけに、文学者に弟子入り、あるいは渡米熱に浮かれた」という謎の女性である。よほどの事情があったのか、住所や名前を明かさないことになった。

●女から見た女⑤　女事務員の経歴ある年若きお方の話

陣場《じんば》町の四辻を飯坂街道へ突き抜けた一の横町のあるお宅。九歳ばかりの可愛らしい赤リボンのお嬢さんに案内されて通ったのは、青葉の庭に面した六畳の間。南に向かうた障子は取り外されて、涼しい伊予簾《すだれ》越しに桜の青葉が朦朧《ぼんやり》透いて見える。燃えるような虞美人草《ぐびじんそう》の花弁に五月雨が絶え間もなく降りそそぐ。

正面の床の間の掛軸には、真っ赤な法衣に包まれた達摩大師が払子《ほっす》を持ってこちらを睨んでいる。床柱の影からは西洋薔薇の造花が見え隠れに覗いている。見廻したところすみずみの飾り付けにまでそれぞれの思いを凝らされて、いやな感じや不調和な思いはさらに起こらない。このお部屋に親しむお方は、定めて注意深いハイカラな方に相違ない。まだお目にかからない先から人懐しいような気がされる。

最前のお嬢さんが茶を運んでくだすった。ところへ優しい衣摺《きぬず》れの音がして、入ってこられたのは今が今まで種々と想像していたその方である。その予想通り淑やかな、そしてハイカラな方であった。

「よくお解かりになりましてね。さあ、どうぞお敷き遊ばして」と座蒲団を進めてくださる。中庸を得た廂髪《ひさしがみ》、薄藍地の縞絣《しまかすり》、クリーム色地の帯などどこまでも奥幽《おくゆか》しい方である。「どうして私がここに居ることとお解かりになりまして」と不思議そうに無邪気な身振りで白い前歯を見せてお笑いになるところなど、十五六の恥ずかし盛りの娘さんのようだ。二十を越した方とは受け取れない。

さて静かに来意を申し上げると、心よく御承知くださってそれから「私、お願い致して置きますけれども、決して名前や住所など書いてくだすっては厭ですよ。少し子細あって当分の間大人しく致しておりますんですから」水々しい大きな眼《まなこ》を用意深く、くるりと記者の顔を御覧なすった。

何かとお伺いすると「あの、そんな難しいことが私にお答え出来ますもんですか。お門《かど》が違いますわ。私も東京《あちら》におりました時分は随分お転婆でお饒舌《しゃべり》もいたしましたが、只今ではもう御覧の通りオホホホ……、もう東京におりますと突飛な考えばかり起こしますから、どうしても若い女には東京というところは危呑《けんのん》でございますね。一時はあの自然主義の起こりかけに文学者の弟子入りをしようかなどと思ったこともありましたの。それに渡米熱にも浮かされましたが、親切な女達に種々と忠告されて思い止まりました。その後、知ってる方のお進めで東京のある会社に勤めました。始めはなに！　男になんかまけて居られるもんか、男でも女でも同じ人間なんだから人の為《す》ること私にだって出来ない道理はない、うんと一つ活動して男の方をアッと言わしてやろなどと大きな覚悟を定めてかかりましたが、さていざ今日から事務を執るのだと主任の方に連れられて、皆様に挨拶を済ませて定められた椅子に腰を下しました時は、何が何やら一切夢でした」

この時、最前のお嬢さんが菓子を盛った小皿を持って入っていらしった。

両人の話は久しく途切れた。雨はなお止まない。塀の外の青柳では蛙の声がいよいよ騒がしい。（つづく）

（六月二十九日）

●女から見た女⑥　女事務員の経歴ある年若きお方の話

――前号より続く。

「何だ、女事務員ぐらいと一口に世間の人は蔑視《みくび》ってお出でのようですが、どうしてなかなか実際に当たってみると、そんな雑作なく身限っていても出来るというようなものじゃありませんの。そりゃ男の方なら働かなくちゃならないように先天的に出来ているのですから、さほど困難も不都合も感じますまいが、女はそこへ行くとまったく悲しいのでございます。ちょっと人から厭な顔をされたからと言っちゃ胸を痛め、変な眼で睨まれたからと言っては一日くよくよと考えるという風で、大勢の人中に入っておれば種々の憂き目にも会います。**そのつど気を腐らしている**のですから、その気苦労ばかりでもいい加減、男の方の一日働いただけの疲労《つかれ》になります。ですから女は損と申せば損な方でございましょう。労多く功少なしというんでしょうね……。

私には他人様を見る眼もありませんし、又それだけの学問もありませんから、世間の女を批評するなんてそんな生意気なことは出来ませんが、**先ず私が私を見た小さい考え**を申しますと、女はすぐ人の言葉に乗り易く信じ易い代わりにすぐそれと気付き易い資性《たち》があるでしょう。出来もしないくせに何にでもちょっかいを出したがる極く**好奇心の強いもの**。出来ないことでも出来そうな顔をして内心ではどうしようかと、おどおどして居る、まけおしみの剛《つよ》い**強情張り**。仲のいい親友のような風を装って、お腹じゃその人の成功を呪っている。仲のいいのを見ちゃ**嫉妬を起こし**、重役の信用があるのを見ちゃ羨んで、ありもしない悪評を立てる。ですが私の勤めていました会社の女の方がこうだと言うのじゃございませんから、お間違いなさらぬように、これは私自身を欺かず批評しましたのでございます。

大勢の男の方には種々風の変わった人もございまして、私のようなお多福《たふく》を何と勘違い遊ばしたか、**帰り道を待って御親切なお言葉を**かけてくださった方などもありましたが、そんな方には一向に粋《すい》の利かない私ですから、折角の御親切も幾度かお断わりいたしました」

謙遜的なお言葉の中には、包み切れない誇り《プライド》があふれている。女らしい言うに言われない優しい語調の中にも、何となくゆるさないきりりとした気質が見えて、嬉しい感がせずにおられない。弱々しい表面に隠された強い内部の力ほど、人を威圧する力が強い。それでいてどこかに離れ難ない親しみ懐しみのある人だ。記者まで力強い気がされて、言い知れぬ痛快を覚えた。

「よく堕落したとか、誘惑されたとか、いまわしいことを耳にいたしますが、実際そうたやすく脆されたり誘われたりするというのは私には不思議でなりません。何故でしょう。そりゃ**男の方****と言うものは少しあまい顔をする**とすぐ自分に思召《おぼしめ》しでもあるのじゃないかくらいに自惚《うぬぼ》れるもんですが、女さえしっかりしておればそんな事なんか口にも出せるものじゃ無かろうと思います……」

来客の気配がしたので、又の日を約して玄関へ出ると「いずれ発表いたして戴く時もございましょうが、どうぞ名前だけはお出し下さいませんように。私はとにかく他に少しさしさわりがありますから……」と再三のお断わりがあった。

商賈の何たるにかかわらず、それ相応の徳義は徳義として守らねばなりません。でお住所もお名前もこの通り記さずに、お話しばかりを右のごとく。(よしの)

(六月三十日)

続いて七月一日。「尺八の女師匠を訪う」と題して、木村よしのが訪問したのは福島市置賜《おきたま》通りに最近開いたばかりの楽器店の女主人。尺八の師匠でもある「須藤」という名前の女性である。

宇都宮出身だというこの女性は、父親から見よう見真似で尺八を覚え、教授になった。福島にはこの一月に移ってきた。尺八のほかに月琴《げっきん》、明笛《みんてき》、お琴なども、お客のニーズに応えて一通りのことは教える。木村よしのは、この女性から尺八を始めた動機や芸に対する心構えなどを尋ねながら、その印象を記述している。

●女から見た女⑦　尺八の女師匠を訪《と》う

置賜通りは農工銀行の真向かいに、新店の小綺麗な楽器店がある。この店の女主人、須藤というは近頃評判の好い女尺八の師匠である。無雑作な櫛《くし》巻きに、かすりの書生羽織を引っ掛け自ら立って座敷に案内された。

「御覧の通りもう狭苦しいところで、さあ、どうぞお敷きください。福島《こちら》へ参りましたのは今年の一月でございました。まだどこも存じませんで不自由でございます。日も浅いのに皆様が御贔《ごひい》屓《き》くださいまして、誠に幸せでございます。なに、あなた。吹くなんて言うほど吹くのじゃありませんの。ほんのもう、音が出ると言うだけで。はい、私は宇都宮でございます。宮におりました時も、やはり教授《おしえ》ておりました。はじめっからこんな商買をしようと思えば、もっと精出してお稽古するのでしたが、そんな気は少しもありませんでしたの。私の親爺はこの道で飯を喰った人ですから、気さえあればどうにでもなったのですが、親爺も私に商買を譲る気などなかったものですから……それでも子供の時分、親爺が教えるのを聞き覚えて、誰に教わったともなく自然に覚えて勝手に吹いてはよく親爺など驚かしたことがありますの。その後私は宮の在所へ嫁入りしまして、二十年間というものは尺八など手にも取ってみません。全く捨ててしまっていたんですの。ですから只今、人様にお教えするにも思い出せないで困ることなど毎度でございますよ」

師匠はごく飾り気のない、さっぱりした人である。出来ることは出来る、出来ないことは出来ないと惜し気もなく言ってのける。こんな人が本当に出来る人なのだ。世の中には何でも出来ると言った風な人がよくあるものだ。こんな人にかぎって何にも出来ない人が多い。何を聞いても知ってる先生より、知らないこともある先生の方が信用される。師匠のような人は女には珍しい正直な人だ。

「はい。お琴や何かも知りはいたしますが、人様にお教えするほどは出来ませんの。こういう商買をしていますと、お客様のあった時にお琴の調子も合わせられないでは番頭が務まりまんから、月琴でも明笛でもお琴でも店で買《か》ってる物は一通り稽古いたしました。お客様がちょっと吹いてみてくれとか、調合《ちょうし》を合わしてみてくれとかおっしゃった時に、お断わりするような不都合のないだけで、お聞かせするようなのじゃありません。女と男でどっちが早く覚えるかとおっしゃるのですか？　そうですね、男の方でも女の方でも覚えになることはたいして変わりませんが、幾分か女の方のほうが早いようです。ちょっと思うと体格から考えてみても、女に尺八は不適当のように考える人が多いようですけれど、私の狭い経験から申しますと男女の区別はありません。男のやるものだと言っても女に出来ないことは決してありません。女の方の質のいいのになりますと、男の方よりずっとよろしいようです。宮におります時分は、軍人の奥様方や女学生様方がたくさん習いにお出になりましたが、福島では女の方はまだ一人もお見えになりません」

尺八を持ったお弟子の方が二人、三人見えたので、お邪魔をしてはと師匠の引き留めるのを無理に引き退《さが》った。（よしの）

（七月一日）

非常に明快な記事である。特に師匠の態度から「出来ることは出来る、出来ないことは出来ないと惜し気もなく言う。こういう人が本当に出来るのだ」というあたりの描写は、いまの時代にも立派に通じる。時代を超えて訴えるものがある。

けれども彼女が一番伝えたかったことは、最後に師匠が語った言葉であろう。

「私の経験からして、男女の区別はない。男のやるものだと言っても女に出来ないものは決してない。男の方より女の方がずっとよろしいこともある」

自分の主張と重ね合わせるのか、さりげなくそう書いている。

第四章　女傑福田英子様の事

七月二日の「女傑福田英子様の事」と題したこの一編は、「女から見た女」の連載の中でもこれまでの基調である記者の訪問記事とは異なり、執筆者である木村よしの自身の回顧、述懐記の形をとっている。

だがこれまで容易に素顔を明らかにしなかった木村よしのの人間像を探るうえで、極めて重要な一編だ。非常に注目されてよい。

何故なら明治期に「当代の女傑」とまで唱われた社会主義的婦人解放運動家、福田英子について彼女は「女史は記者が在京中、直接に又た間接に少なからず種々な印象を与えられた、恩人の一人でござります」と、驚くべきことを告白しているのだ。

いったい彼女は、福田英子とどのような関係があったのだろうか。まずは注目の連載を見ていただきたい。

福田英子の肖像
（国立国会図書館「近代日本人の肖像」より）

●女から見た女⑧　女傑福田英子様の事

「朝日新聞に一昨日から昨日へかけて、旧福島藩士衆議院議員　故内藤魯一《ないとうろいち》翁のお話しが載っております、それに続いて当代の女傑景山英子の後身、福田英子《ふくだひでこ》女史の内藤翁回顧談が出ているので思い出しましたが、女史は記者《わたし》が在京中、直接に又た間接に少なからず種々な印象を与えられた恩人の一人でござりますので……景山女史は――」

七月二日の記事は、こんな書き出しで始まる。彼女は六月三十日から七月一日にかけて、朝日新聞に載った内藤魯一翁の訃報や、福田英子女史の内藤翁回顧談を目にし、にわかにある種の感慨を覚えた。そして「一大女傑の思い出を記して読者にお知らせするのも一興」と思い立って、急きょ連載にこの一編を加えたものと思われる。

それではその朝日新聞には、どんなことが書かれてあったのか。調べてみると、たしかにあった。明治四十四年六月三十日、七月一日の東京朝日新聞に内藤魯一翁(代々福島藩主板倉家の家老職にあった内藤家の長老)の訃報、福田英子女史が語った回顧談も見つかった(朝日新聞・聞蔵Ⅱビジュアル)。最初の六月三十日の記事は、衆議院議員内藤魯一翁の次のような訃報記事である。

「●内藤魯一氏逝去　旧自由党の名士として聞こえたる愛知県選出代議士、内藤魯一氏は過般来郷里に於いて療養中なりしが昨朝七時ついに逝去したり。氏は愛知県士族にして弘化三年十月三河国碧海郡知立《ちりゅう》村に生まれ、重原《しげはら》藩大参事に任じられ、衆議院議員に当選すること二回、政友会所属なり」

記事では亡くなった内藤代議士が愛知県生まれとだけ書かれてあるが、そもそも彼は、代々福島藩主板倉家の家老職だった内藤家の長男に生まれ、戊辰戦争で敗れると福島から三河重原藩へ転封になった。そこで大参事を務めていたのだが、明治十二年に三河交親社《こうしんしゃ》という政治結社を設立し、愛知県下の自由民権運動を指導した人物である。後に自由党の結党に加わり、「三河の板垣退助」とも呼ばれたというから、この福島県でいえば同じ自由民権運動を主導した河野広中に匹敵する人物か。いずれにしても、その自由民権家内藤魯一が亡くなったというのは、地元福島にとっても関心深いニュースとして読まれたのであろう。しかも同日の朝日新聞は、この訃報に関連して親しかった板垣退助の回顧談にかなりのスペースを割いて紹介している。

この板垣退助の回顧談に続いて翌七月一日の新聞で取り上げられたのが、木村よしのが「記者が在京中、直接に又た間接に少なからず種々な印象を与えられた恩人の一人でござりますので――」と書いている福田英子の回顧談である。

少し長い引用になるが、ここで七月一日付朝日新聞の福田英子女史による回顧談もあわせて見ていただきたい。これも「朝日新聞・聞蔵Ⅱビジュアル」に拠った。

●内藤氏と女傑

▽福田英子女史の談

当年の女傑景山英子《かげやまひでこ》、即ち現福田英子《ふくだひでこ》を府下淀橋町に訪えば、積年の辛苦にやつれ果てたる女史は淋しき微笑を漏らして記者を迎え、今更のごとく今昔の物語をす。

「妾《わたし》が初めて内藤さんを見たのは監獄に居た時で、内藤さんは妾に面会を求め来たり。貴嬢は情ある典獄の斡旋により小林氏（樟雄《くすお》）と獄中にて結婚式を挙げたる由、浮世にて専らの評判なれば喜びに参りたりとのこと。妾は寝耳に水で全く根も葉もないことですから其旨を答えて帰しました。是れがそもそも内藤さんを知った初めです」

と先ず相知るに至りし初めを説き、チョット考え居りしが俄《にわ》かに座を立ちて一冊の書を携え来たり。

「これは東陲《とうすい》民権史で内藤さんの写真もあれば、また内藤さんのなさった事業も委《くわ》しく出て居ます。妾が話すよりか確かで間違いがないから是で御承知を願います」

と記者に東陲民権史を与え、茶を勧めつつ、

「アノ頃の政府が自由民権論者に加えた迫害と云うものは、全く今日の政府が社会主義者に加えて居る迫害と同一でありました。しかし自由民権主義者は身体で押したから或る所までは押せましたが、今の社会主義者と云うものは口先ばかりで小理屈をこね廻すのですから何の得る所もなく、結局口が禍《わざわい》の門になって犬死に終わるなどは慎まねばならぬことと思います」

と一呼吸してまた説き出す。

「当時の自由民権論者で盛んに運動して居た有名な人々も、皆時勢に合わずに四分五裂して居るやら、死んだやら、更に消息も判りませぬが、世に時めいて居ないことは事実です。それと云う

もあんな人達は何時までも十七、八世紀の夢ばかり見て現在に進まなかったからだと思います。有体《ありてい》に云えば現今は立憲政治を布《し》かれて彼らの目的は達したようなものの、実際は名ばかりで実は伴って居ない。それに係わらず彼らは黙してただ金儲けばかりに心掛けて余り金も儲からずに居る気の毒な末路です」

と気焔を吐き、

「最近に内藤さんに遇《あ》ったのは昨年の末か今年の始めでしたが、老体の故でもあろうが手が無意識にぶるぶる瘧《ふる》えて、恰《あたか》も酒か煙草の中毒で中気でも発した人のように見受けました。お話も前後錯雑して論理が一貫せず、人の云うことなどは聞いているのか聞かないのか夫《そ》れさえ判りませんでした」

と語り、なお進んで田中正造《たなかしょうぞう》翁の元気を説き、宗教問題まで持ち出したれど今は略す。

（明治四十四年七月一日、東京朝日新聞）

さて七月二日、福島民友新聞に連載された「女傑福田英子様の事」と題する記事は、このあと次のように展開する。

（木村よしのの記事続き）

……景山女史は、岡山藩の儒者の家にお生まれなすった方で、お幼少時から男のような方だと申します。女史は成人しても、三ッ子の魂百まで男も及ばない敏腕家だったと申します。記者はよく角筈《つのはず》のお宅へ伺っては、昔語りを聞かされました。

御存じの方があるかも知れませんが、女史は一時社会主義を鼓吹された方でした。もっとも幸《こう》徳伝次郎《とくでんじろう》らが唱えたような危険なものではなかったのです。けれども物事に熱しやすい女史は、そんな馬鹿らしい思想を永く夢見ておることは出来ないはず。まもなく止しておしまいになったと言うことでしたが、そんな事があったので、彼の幸徳一派が東京監獄に囚われている当時、女史の屋敷付近にはたえず角袖の刑事巡査が密行しておりました。記者はそんなこととは少しも知らず、いつもの調子で伺って帰ろーとすると、変な男が見え隠れに尾行してくる。

記者は例のあの出歯亀《でばかめ》一種の男と思ってたかをくくっていると、それが探偵だったのです。女史は後で「あなたはそんな場合に会ったことがないだろーと思って、わざと黙っていたんです」と平然たるものでした、万事がこんな風で、女には珍らしい度胸のいい方でございます。

女史の年盛りは随分有名なもので、京阪地方の人は三歳の児童といえどもその名を知っていたと申します。女だてらに只一人、自由党の志士に加盟して大活動をなさいましたが、そのころ党派の二、三士と爆裂弾を背負い、朝鮮へ密行しようとして横浜で捕われ、鉄窓に繋がれたそうです。牢獄へ送られたことなど何度あったか、数えきれないほどありましょう。その当時の人は、国事犯で送られることなど何とも思っていない。むしろ名誉のように心得ておる人が多かったと申します。

まだそう古いことではありませんが、女史は国民新聞に「妾《わらわ》の半生涯」という小説めいたものを書いていました。その記事の原稿料か何かのことで徳富社長を被告取り、裁判を起こしたことがありました。当時はだいぶ人から騒がれたようです。その裁判が済んでほどなく、国民新聞で婦人記者が入用という噂を聞き、早速その募集に応じて、一も二もなく撥《は》ね付けられたという滑稽談なども少なくない。これを思っても記者は女史がいかに無邪気な性質であるかに驚きます。昔、自由党で騒いでおられた最中、代議士の大井健太郎氏と夫婦同様に暮らして、一人の子まで儲けたにもかかわらず、大井さんのちょっとした道楽が癪《しやく》にさわって、その後は見向きもなさらなかったという。

一代の女傑として響き渡った女史は、東京も場末の奥に福田氏の遺児を育てて、淋しい侘び住まいをしておらるる。権門《けんもん》の声、黄金《おうごん》の響きに夢中なる現代婦人の記憶より、今は葬り去られんとする一大女傑の思い出を記して、読者にお知らせするも一興と存じて。次回はもっか新開座開演原一座の女優（よしの）。

（七月二日）

非常に面白い、気になるエピソードであろう。木村よしのと福田英子の関係が、おぼろげながら解けてくる。

まずこの一文を読むと、「記者はよく角筈のお宅へ伺っては、昔語りを聞かされました」と述懐しており、在京中に東京・角筈（当時の豊多摩郡角筈村、現在の新宿区）にあった福田英子の屋敷を何度も訪れていたことがわかり、福田英子と親しい交流があったことをうかがわせるのである。しかも「女史の屋敷付近には、たえず角袖の刑事巡査が密行しておりました」と福田英子が置かれた周辺の状況まで詳しく描かれているのだ。

そして福田英子に対して「様」と書き、「お幼少時」などと尊敬、敬愛の念を込めているようでもある。はたまた彼女は、福田英子に対して「記者が在京中、直接に又た間接に少なからず種々な印象を与えられた恩人の一人でござりますので……」とまで告白しているのだ。

これらの記述から、木村よしのの人間像と彼女の思想の源泉というものが、ほうふつとしてくるような気がするのである。思い出してほしいのだが、彼女はこれまでの連載の中でも女性解放運動や女権拡張運動などについて、何度も熱っぽく書きまくっている。それらは在京中、福田英子から相当な、思想的な影響を受けていたのであろうと思われる。木村よしのという人物が、当時の社会主義的思想、婦人解放運動の思想と、一定の距離を置きながらも、決して無縁ではなかったことがそれとなくしのばれるのである。

ところで木村よしのは、福田英子の屋敷を訪問した際のエピソードを次のように紹介している。

「彼の幸徳一派が東京監獄に囚われている当時、女史の屋敷付近にはたえず角袖の刑事巡査が密行しておりました。記者はそんなこととは少しも知らず、いつもの調子で伺って帰ろーとすると、変な男が見え隠れに尾行してくる。記者は例のあの出歯亀一種の男と思ってたかをくっていると、それが探偵だったのです。女史は後で『あなたはそんな場合に会ったことがないだろーと思って、わざと黙っていたんです』と平然たるものでした、万事がこんな風で、女には珍らしい度胸のいい方でございます」

また、連載の末尾で「一代の女傑として響き渡った女史は、東京も場末の奥に福田氏の遺児を育てて淋しい侘び住まいをしておらるる。権門の声、黄金の響きに夢中なる現代婦人の記憶より、今は葬り去られんとする」と結んだあたりも、いかにも木村よしのらしい筆致と思われる。

それでは文中の木村よしのが福田英子の屋敷をひんぱんに訪れていたのは、いったいいつ頃のことだったのか？　彼の幸徳一派が東京監獄に囚われている当時、というのはいつのことなのか。非常に気にかかる部分ではある。この点についてはこのあと第九章「木村よしのの謎を解く」の項でもう一度触れることにしたい。

ここでは福田英子の人物像と、関連するもう一人の人物、岸田（中島）俊子の人物像を、世界思想社『女性記者―新聞に生きた女たち』（一九九四年）の中から拾って紹介しておきたい。

■景山（福田）英子　一八六五～一九二七、岡山出身。岸田俊子の演説を聞いて婦人解放運動に乗り出す。大井憲太郎とともに大阪事件に連座、投獄される。一八九二年福田友作と結婚するが、その死後、石川三四郎と交友を結び、平民社に出入りし、鉱毒被害の谷中《やなか》村復活運動に奔走。一九〇七（明治四十）年に新聞体裁の社会主義的雑誌『世界婦人』を発刊、婦人の絶対的解放を主張した。

■岸田（中島）俊子　一八六三～一九〇一、京都出身で本名は俊《しゅん》、号は湘烟《しょうえん》（湘煙）。皇后の文事御用係を二年務めて退職、土佐立志社員と交わり自由民権運動に参加する。一八八四年自由党副総理（後に初代衆議院議長、イタリア公使）中島信行と結婚。横浜フェリス女学校教師を務めるかたわら「女学雑誌」などに寄稿する。

第五章　女優井深玉枝と記者

木村よしのは、在京時代から演劇、舞台、俳優といったものに深い造詣があったようだ。とりわけこの一編は、その印象がきわめて強い。前号末尾に予告があった通り、福島市の繁華街にあった新開座という大衆劇場で上演中の原一座の女優、井深玉枝《いぶかたまえ》を訪ねたものである。

井深玉枝という女優は、もちろん実在の人物である。どんな女優だったのか——さまざまな資料を検索したところ、一点だけ見つけることが出来た。大正元年（一九一二）、東京・京橋にあった演藝画報社で出した『女優鑑《かがみ》』いう資料で、国立国会図書館デジタルで見ることが出来た。

この「女優鑑」は、帝国劇場女優、文芸協会女優、歌舞伎女優、新派女優、新女優、有楽座女優、元三崎座女優、真砂座女優の八部に分かれ、当時の著名な女優九十人余を紹介したものである。当の井深玉枝については、新派女優の部で原秀子、花浦咲子、川上貞奴、川上澄子、山口定子らとと

女優　井深玉枝
（『女優鑑』国立国会図書館蔵）

もに六人中の一人として、次のように取り上げられていた。なお、六月二十七日の「活動写真の女弁士」の記事中に登場した柴田環の名前も、新女優の部に見える。

■井深玉枝　本名：井深たま。まだ広く知られざるも、独力自営の一劇団の発展に腐心しおる原重雄の配下として、その一座の立女形《たておやま》たる優は、明治十六年三月九日岐阜県揖斐《いび》郡富秋《とみあき》村なる多額納税者の家に生まる。家中道にして衰え、原氏に嫁してよりは良人の事業を助け、東奔西走もって今日に至る。三十八年のこと、前橋歌舞伎座に於いて、西川秀之助の代役として『性は善』の芸者小梅に扮せしが、優の初舞台なり。次いで四谷瓢《ひさご》座にて『名物男』の妹お千代を勤め、初めて東京の舞台を踏み、それよりは一座の花形として重く用いられ、良人に従うて西は岐阜、東は盛岡、仙台と巡業し居たり。今春、早稲田座にて演ぜし、想夫憐の雅子は非常なる好評を博し、爾来《じらい》都下の各座に興行を続け、都門に一旗上げんとの企ては雄々しき限りなり（以下、省略）

この井深玉枝を訪ねた連載は、七月四日から六日まで三日間にわたり、「女から見た女」では一番の長編となったが、読んでいくとそれなりの理由があったことがわかってくる。

●女から見た女⑨　女優井深玉枝と記者

小止みもなく降り続きたる五月雨《さみだれ》も蓄えつきてか、晴れ間がちなる一昨日の午後、記者は新開座に開演前、女優井深玉枝さんをお訪ねいたしました。玉枝さんは先に立って楽屋へ案内してくだすった。薄暗い部屋に、ぼんやり煙草を吹いている男の方があった。それは一昨日の晩、「奇縁」の賢作に扮した座長の原重雄《はらしげお》さんで、その傍に七才ばかりの可愛いらしい玉枝さんによく似た男の子が遊んでいた。玉枝さんは粋な鬘《かつら》下に結んで、やせぎすなすっきりした五体をくの字なりにかがめて茶を進めて下さる。ところへ平造に扮した雲井さんも入ってみえた。

　原さんは、舞台では思いきって滑稽なしぐさや表情をなさるくせに、楽屋ではいやに取り澄ました顔をして煙草ばかり吹かしていらしった。雲井さんは、舞台も楽屋もあまり変わりはない。例の急き込んだ口調で、有楽座の自由劇場のお話しや新社会劇、新時代劇の話などをしては罪のない気焔をお吐きになる。その間玉枝さんは始終微笑んで、膝に手をくんで聞いておられる。その物腰から言葉つきまで、どことなく奥ゆかしい気品のある方である。旅役者に付きまとう一種の自堕落《じだらく》な風は少しも見えない。

「よくお訪ねくださいました。昨晩は又とんだ未熟な芸をお目にかけまして。なにぶん御当地は始めてでございますから、少しも勝手がわかりませんで……出し物なんかも、どんなものが御当地にはお気に入るだろーなんて、楽屋の皆様なぞとも相談いたしまして相当の苦心をいたしました。只今は地方の方といっても時世が時世でございますから、観賞あそばす御目も昔とは違いますから、紋切形のめでたしめでたしで終わるものなどあまり賞美遊ばさないようになりましたから、なるべく新しい味のあるもの、写実で行くものとねらっております」

　そこへ雲井さんが「あまり新しすぎても観客との調和が保てず、そこのところが難儀なところなんです。今までの古い型が先入主となっておりますからね。そこをうまく溶き分けていくのが私共の務めなんです」

　と挿話をお入れになる。原さんは両人におまかせして依然黙っていらっしゃる。玉枝さんは話を続けて、

「女優も種々な方面から、その必要が認められるようになりましたが、そんな生意気な熱を吐く柄でありませんから、まぁ止しましょう。私などはまだまだ勉強最中ですから、何でもお稽古のつもりで熱心に務めております……女優になった動機をお尋ねになるのでございますか」

　玉枝さんはこう鸚鵡《おうむ》返しに問うて、小娘のような可愛らしいしなをなされた。ところへ玉枝さんの舞台衣裳を一抱えもって、中年増が入って来た。開演前の忙しいところをお邪魔してはと、あわてて立ち上がると、

「じゃ、私の宿は八木沢でございますから、御都合のおよろしい時、何時でもお尋ね下さいまし。きっとお待ち申します。又た面白いお話もございますから」

　薄暗い楽屋道を玉枝さんに送られて、舞台の入口のところで明日を約して別れた。舞台には電灯の光りまばゆく、歓楽の色はわけもなく人の気をそそる。（つづく）

（七月四日）

●女から見た女⑩　女優井深玉枝の書翰

　一昨日、新開座で玉枝さんとお別れする時「わざわざお尋ねいただくのも畏れ入りますから、委細は私が書きまして書生に持たしてお宅へ伺わせましても、よろしゅうございましょう」とおっ

しゃったが、記者は無論お宿へ伺うつもりでいました。ところが昨日の朝九時頃、玉枝さんからのお使いが新開座から来て、記者「よしの」宛ての厚い手紙を置いていった。拝見すると文章が奇麗で筆蹟も見事なので、原文のまま左に掲載いたすことにしました。

「昨日はせっかくお尋ねくださいましたのに、開演前のこととて誠に失礼申し上げました。西も東も知らぬ旅の空、誰一人として知己もなき淋しき心細きおりから、**情けある記者様の御訪問を受け**、何ほどか嬉しうございましたろう。女の見たる女など妾《わたし》ごとき盲目には解りかねますが、お言葉に甘えここに経歴の一端と、女優となりました最初の動機とをお打ち明け致しましたなら、その中に妾の思わくを朦朧《おぼろげ》ながらもおみとめ下さることと独り合点いたし、おこがましくも筆取り申しました。

妾は、岐阜市を距《さ》る十里程の片田舎でうぶ声をあげました。**父親は岐阜県の多額納税者**で、妾は何不自由なく育てられました。ちょうど高等小学を卒業すると、妾の父親は鉱山の鉱主となりまして、「国家的事業」だと申して資金を投じて着手いたしましたが、ふと**芸妓に浮かれ**、はては身受けして妾宅を構えるなど、ありとあらゆる豪遊と極めし結果はよからぬ人の悪計に乗せられ、年久しく住み馴れし屋敷田地を他人に渡すべき運命となり、鉱山の同盟事業者たる久我侯爵《こうしゃく》を頼りて、恋し懐かしの故郷を見捨て知らぬ都に旅立ちました。そして牛込に居を構え、父親は東京府庁へ奉職いたすことになりました。片田舎より飛び出してきた妾は、言葉は違うし生活の度は高し、**広々とした家から急に狭苦しき家へ**引っ越して、今までしたこともなき台所用やすすぎ洗濯まで、何一つ妾の手にかからないものとては無い。この頃より妾は女という者がうとましくなりました。意久地《いくじ》のない女に生まれてきたことが恨しく、もし**男であったなら**こうもして、ああもしてといたずらに煩悶《もだ》えるばかりで、妾の眼はまだ本当にさめていなかったのです。意のままに育てられた美し、過去の夢が幻影のようにつきまとって、華美《はなや》かな以前の家庭が恋しくどうしても現在の生活に満足出来ませんでした。女はもともと不幸わせな運命につくられてあるということが覚《さと》れず、籠の鳥がもとの野原を**恋慕うように、返らぬ昔を夢見**てはあらぬ思いに袖ぬらすことがせめてもの慰めだったのでございます。麗わしい都の生活に馴れるにつけ、処女《むすめ》心の種々な胸の悩みはいや増しに増して行きました。父の薄給をもって一家を切り盛りして行くうちに「弱り身に祟《たた》り目」とやら、ふとしたことが原因で父は病の床に親しむ身となりました。天にも地にも只一人の親が病気となりましたので、妾はいとど心細く、思慮分別もなき女心には涙ばかりが先立たれて父の眼をさけては泣いておりました。孤独のやるせない苦しみを厭というほど手厳しくきざみつけられ、涙ばかりが又なき友と悲しい日を送っておりました。（つづく）

（七月五日）

●女から見た女⑪　女優井深玉枝の書翰

（前号に掲げました手紙の続き）

「離れ小島の荒磯に捨て去られた小舟もおなじ旅の空で、妾は病父を抱え何とせんすべもなく、薬医の手当てさえ心にまかせず、みすみす亡びゆく父の姿を眺めては泣くより外のことはありませんでした。程なく父は黄泉《よみ》の客となってしまいました。これはちょうど妾の十九の春でございました。花ならば咲かましものを、咲かずに散りゆく妾の春は、こんな哀れなものでございました。父が亡くなって悲しんでいる弱身につけ込んで諸々方々から悪魔が誘惑の手を出しました。中には芸妓になれと言って勧めた人すらございました。お琴やお針の稽古こそ致しましたが、三味線や踊りの素養はございませんのみか、芸妓となるほどの容貌も手腕もございませんのですから様々の口実をもってお断わり申しました。

こんな誘いの多いだけに妾の行先のことや生活の道などに一層心を苦しめました。苦しい中にも、世の中の男は決してうら若い女を一人置くものじゃないと、しみじみ恐ろしく思いました。やる瀬ない孤独の暮らしの中にも月日は流れて、ほどなく久我侯爵の御世話である銀行員の妻となりました。ところがこの良人というのは劇に非常な趣味を持っている人で、川上音二郎《おとじろう》氏が東京で旗上げした当時に舞台にのぼったことのある人で、そのため昔堅気な厳父の怒りに触れ、とかくの思いもそのまま中止して銀行員となっていたのでございました。妾はもとよりそんな事のあった人とは知らずに縁づいたのでございました。その後程なく銀行の重役とはしなくも衝突を起こし、その結果再び劇界に身を置く人とはなりました。

妾の舞台にのぼりました動機も、やはりこれがもとだったのでございました。その後は共に励まし励まされて、未熟ながらも全く劇界の人となったのでございます。妾が初舞台は本所の寿座《ことぶきざ》でございました。のち早稲田座、深川座等の新派劇に加入、登場する身となりました。御親切なるお言葉に甘え、くどくどとつまらぬ事のみ申し上げ、聡明なる記者様の手前お恥かしくはございますが、世の中にはかかる女もあろうかと、荒き風にも当たらせたまわぬ姫君達の御参考にもならばと、又二つには**女という者の生命がどんなに動いて行くか**、幾分なりともお認めくだされば妾の喜びこの上もございません。

けれども妾は、女に生まれてきたことを恨みもつらみも致しません。ただ女とはこうしたものとあきらめて、定めない浮世の波にもまれもまれてその日を送って行く女なのでございます……。御当地は初めてのこととて、いっこうに様子が解らず、淋しく日を送っておりますからお務めの余暇もあらせたまわば御遊びにお出ください。また新開座も御見物願います」

自ら芸術家でございとか、時代の要求に応じて奮起した女優でござるのと、巷《ちまた》に出てらっぱを吹く帝劇あたりの女優より、人知れず深山の渓間に咲き、人知れず散ってゆく花に言い知れぬ幽しさが隠れている。塵芥《ほこり》臭くないだけに厭な気が起こらない。終わりにのぞみ、玉枝さんの御身に恙《つつが》なからんことをお祈り申して置きます。（よしの）

（七月六日）


なかなかの傑作であろう。それにしても木村よしのが、在京時代から演劇界にかなり造詣が深いことを、それとなくうかがわせる作品である。冒頭、新開座に井深玉枝を訪ねた最初のくだりでは、有楽座の自由劇場や新社会劇、新時代劇などといった話がぽんぽんと出てくる。後述するように、このことが彼女の来歴をさぐるうえで極めて重要な意味を帯びてくることになる。

この一編で注目したいのは、女優井深玉枝という人間に向けられた木村よしのの温かいまなざしである。連載では同じように新開座に出演中の活動写真の女弁士（「女から見た女」④）を取り上げた一編があるが、それとはまったく好対照である。

彼女が末尾で、「自ら芸術家でございとか、時代の要求に応じて奮起した女優でござるのと、巷に出てらっぱを吹く帝劇あたりの女優より、人知れず深山の渓間に咲き、人知れず散ってゆく花に言い知れぬ幽しさが隠れている」と井深玉枝に贈ったエールには、心温かいものが時代を越えて響いてくる。それはまた、実のところ、時代の要求に応じて華々しく世に出た女優たち、帝劇あたりでらっぱを吹いている女優群像に対して、彼女なりのある種の苦々しい思いが込められているような気がするのである。

このあと「女から見た女」の連載は、七月七日と八日に書いた「師範賄い方の女八卦見《はつけみ》」、七月十三日の「造花のお師匠の話し」と題した作品が二編続く。

「師範賄い方の女八卦見」というのは、師範学校寄宿舎のまかないを務めるかたわら、人相家相占いや易《えき》占いの看板を掲げている及川豊美という婦人を訪ねたもの。最後の作品である「造花のお師匠の話し」は、美術造花教授の岡崎たま子という女性を取り上げたものである。

●女から見た女⑫　師範賄い方の女八卦見

五月雨あがりの蒸し暑い午後、記者は例によって訪問に出掛けた。街道《ちまた》の人はいずれも気だるそうなだらけた顔に見える。青葉はとろんとしてそよとの風波も起こさない、極めて平和な穏やかな日だ。塵芥《ごみ》まじりの風が吹かないだけ嬉しい。

こんな無性な年寄りじみたことを思いながら、北裡の通りを貫《つ》き抜けて師範学校の方へ向かってテクテク歩いて行くと、学校の放課時刻とみえて赤リボンや桃割れの可愛いらしい嬢様方がぞろぞろとやってくる。ふと記者とすれ違いざま「あら厭《や》んだこと。さざいの壺焼きなんて間がいいんでしょう」と大声に痛罵を放った。いくら先生が学校で厳しく言っても、校門から一歩踏み出せばもうこの通りだ。今の教育者なんて骨の折れるもんだろう。こんな余計なことを考えてるうちに、いつか記者は南病院の手前左手に曲がる角に立っていた。その傍の共同水道で洗濯をすすいでいた丸髷《まげ》の若い妻君に、これこれの家はどこでしょうと尋ねると、妻君は濡れ手で指さしてそこですと言う。教えられたままに「人相家相周易《しゅうえき》判断、及川豊美」と書いた看板のかかってる家の前へ行った。やがてその玄関に立ち止まって案内を乞えば、海老腰の老女が出て来られて「只今、及川様は寄宿舎の方へ参っていますから、ちょっとお呼びしてきます」と言い捨てて出て行った。向こうの部屋には病人らしい人が寝ていて、時々薄青い顔を出しては記者の方を覗く。金碧燦爛《さんらん》たる仏檀の横手前には大きな机があって、その上には三宝《さんぼう》に載せた易書、算木、筮竹《ぜいちく》など丁寧に整然と置いてある。

しばらくして、最前の老女と連れだって及川さんが入っていらしった。しとやかな落ち着きのある、どこか気品の高い五十近いお方であった。茶、菓子など進めて置いてくだすってから物優しく唇を開かれる……。

「師範学校の第二部寄宿舎の方の賄いをしていますものですから、さっぱり家の方にはおりませんの。ちょっと人から是非と頼まれ、ほんの片手間にやるつもりだったのが、この節ではそっちの方が本職のようになりました、只今では女子部の方は致しませんが、元は女子部の方の賄いをしておりやしたんです」

記者は、及川さんの御商買よりも、若い大勢の女生徒を取り扱ってこられた御経験の中に面白い女性観があるだろうと、その方面に話題を転じた。

「そうですね、女の方は一口に申しやすと扱かいにくい者と申されましょうね。物事がすべて細かくて、気がちいさく、ちょっとした事にも怒りやすく、泣きやすいというようでございます。いやもう何だとかかんだと、こせこせこせとしてその面倒臭いこと一通りでありやせんの。女でも特に年の若い人は、なお種々な面倒が多うございやして、私もこりごり致しやしたの。そこへいくと男の生徒はさっぱりして、そんなこせりあいは薬にしたくもありやせん。皆、活発な元気のいい人達ばかりで、誠にお世話がしよいんでございます。ちょうど男の一番悪い乱暴者と、女の一番優しいすなおな人とが飾《む》適《か》います。どうも私はじめ女は、とかく口数の多い間違いの起こりやすい性分をもっておるもので困ったものだと思います。(つづく)

(七月七日)

●女から見た女⑬　師範賄い方の女八卦見

私の商買ですか？　別に教わったわけでも苦しんで修業したわけでもありませんが、大変好きだったものですから、小さい時から人様のお為になることをして喜ばれるのが何より好きだったもんですから、ついこんな商買をするようになったのでございます。

当地へ参りましてからもう二十八年にもなります。その間ずっとこの商買を続けておりますが、お陰様でお客様が来てくださいます。何私など学問があってその学理から割り出してお話しするのでもなんでもありません。ただ私の真心一つにあるのでございます。どの道、私共へ見てくれと言ってお出になる方は、喜びごとでお出になる方は少ないので、どっちかと言うとおめでたくない事が多いのですから、その時私は先方の不幸に心から同情の心を起こして、ああ気の毒なことだ、さぞ困る事だろう、どうかして当ててあげたいものだ、とまったくその時は欲も得もありません。ただ一心にその人の心持ちを察して……つまり先方の人の心持ちと私の心持ちとが一つになった時にはきっと当たるようでございます。

つい先達《せんだ》ってのことでしたが、面白いことがありました。

豊美さんは、当時を思い浮かべて微笑んだ途端、前歯の抜けたのがちらりと見えた。息つぎに茶をすすってから、後をお続けになった。

越後から出てきた手間取りだそうです。北町の口入れ宿でお金が十二円、そっくり紛失《なくな》ったのですと。そのお金というのはあなた、一ヶ月たった一円のお給金で十二ヶ月、ちょうど一年間骨を砂利にして働いて国へ帰る方針《つもり》で、暇を取って宿へ帰るとその始末だったので、驚愕して私のところへ駈け込んで来たんですね。見ると極く正直そうな人で、私に涙を流して語りますの。私もかわいそうでね、当人の心持ちになったらどんなだろう。知らない他国でしかも棘《とげ》の生えているという他人の飯を喰って、ようやく稼ぎ貯めた金を人に取られて国にも帰れず、もし私がそんな境遇になったらと、こう思いますと、同情の念が起こらないではおられません。その心持ちで一心に見てあげますと、けいの上にはその宿泊《とま》っている家の南に面した炉端のような、なんでも火の側にそっくりあるというけいでしたから、その通り話しますと、その人があなた、その足ですぐ警察に飛び込んで只今北町のこういう占者《うらない》に見てもらったら、私がなくなった金はこうこういう場所にあると言われたから早速行って探してくれ、と誰が何と言ってもきかないので、巡査様がその人と一緒に宿へ行って取調べますと私の申した通り南に面したおかろの下の板の下に隠してあるのを、ちゃんと十二円見つけて渡しましたら、その男が泣き泣き手を合わして、やれ神様、仏様と言って嬉し涙に暮れたから礼を言ったそうです。二、三日経てその巡査さんが私共へ来て、その金はあったから安心しろ、お前の言った通りの場所にあったと言って賞めて下さいました。

どうしても女は同情心が深いから、人の難儀を見て見ないふりをするというような薄情なことは出来ませんから、私などもその心があるからこんな商買も務まるのです。寄宿舎の夕餐《ゆうはん》のお仕度に差し支えてはと、お引き留めくださるのを無理にお暇申し上げた。

（七月八日）

●女から見た女⑭　造花のお師匠の話し

日本銀行の裏手細い通りを突き抜けたところに、美術造花教授岡崎たま子という新しい看板が近頃現われた。蒸し殺されそうな日の中の暑さも去って、そよそよと青葉を渡る夕風立つ、灯ともしどき記者はたま子様のお宅を訪れた。色白のたま子様は、はでな湯上がり姿で記者を座敷に案内してくだすった。

「別に難かしい理屈があって教わったわけでもありませんが、私はこの技芸ということは何より好きで、これをやってさえおりますと御飯も戴きたくありません。仙台の松操《しようそう》学校を卒業いたしまして職業学校へも入りました。それから東京へ出まして、美術学校にも参りました。習っても習っても欲が出まして、造花ばかりでなく、編物、裁縫、つまみ細工、何でも一通りは稽古いたしました。昔から女は何にも出来ない者、夫の腰にぶら下がっている穀《こく》つぶしのように思われて参りましたが、熱心と勇気さえあれば男の人のやるくらいのことは何でも出来ると思います。私は女はそんな意気地のない者とは思っておりません。表面は弱々しく見えても心のしっかりした、何かの動機で一朝《いっちょう》眼がさめればどんな事でもやり通す。その間に誰が何と言っても初めの志ざしを怯《ひる》まさない、根強い決心の持っているものだと思います。何にも出来ないのじゃなくて、しないのですからすれば結構何でも出来ます。出来ないとか何とか言ってるのは甘えているのだと思います。それが昔から女は弱い者、何にも出来ない者で甘やかされて通ってきたから、知らず知らずの中に甘える習慣が染み込んだものと思われて、一般の女性通じて甘える癖があるようでございます。

この節のように生活の度が高くなりましては、女だからと言ってあんけらかんと夫の働いたお米を座食していては済まないだろーと思います。夫にばかり頼っていて、もし夫に死なれたとか、離縁にでもなった時はどうすることも出来ませんから、何でも働ける腕があるのですから働いたらいいだろーと思われます。

私の友達でもうごく親しく姉妹のように致しておりますが、その人なんかあなた、幼い時からの婚約の夫が熊本の大学を卒業すると結婚することになっていたのが、芸妓におぼれてとうとう離縁してしまいましたの。友達はもう悲しんでいっそ死んでしまった方がいいなんて申しますから、私はいつもあなたなんか立派な腕があるんだから、そんな気の弱いことを言わないでお働きなさい、その方が芸妓よりよほど立派な生涯でしょうと言って励ましてやりました」

たま子様は学校でお造りになった造花を見せてくだすった。燃えるようなチューリップ、紫濃いパァンゼの西洋花をはじめとして、赤黄紅白などの日本花のとりどりがめざむるような色で座敷中は天国の花園のように思われた。床柱にかかったつまみ細工の小蝶は、今しも狂い出すかと思われるほどたくみに出来ていた。

女から見た女も夏向きには、少々理屈ッぽくて暑くるしくなりましたから、何ぞ方面を代えてあっさりしたものを書くことに致し、一先ず終わりをつげて置きます。（よしの）

（七月十三日）

これも圧倒される筆致だ。造花のお師匠さんというさりげない訪問記事だが、連載の全編に流れる木村よしのの「信念」「女性の生き方」といったものが強く感じられる。連載の掉尾《ちょうび》を意識したのかもしれない。

造花のお師匠さんのインタビューを通して「昔から女は何も出来ない、夫の腰にぶら下がっている穀つぶしのように思われがちだが、そうではない。熱心と勇気さえあれば女でも何でも出来る」といい、弱々しく見える女性でも「一朝眼がさめればどんな事ことでもやり通す、初めの志ざしを怯まさない根強い決心を持っている」という。そして出来ない、やらないというのは「女の甘えだ」と語る。

これらの言葉は、インタビュー者である木村よしの自身の信念、女性の生き方論であると断言してよいだろう。

文の終わりに描かれた「燃えるようなチューリップ、紫濃いパァンゼ、赤黄紅白のめざむるような色」という巧みな表現は、そのような情熱的な女性の生き方を惹起させる、読者への呼びかけであろう。

第六章　落語家の噺

「女から見た女」という連載を終えたあと、「落語家の噺《はなし》」と題した連載が七月二十一日と二十三日の二回、続いて「遊芸のお師匠」と題する連載が七月二十三日、二十五日、二十六日、二十九日の四回掲載された。いずれも連載の末尾に「よしの」の署名があり、木村よしのの執筆であることがわかる。

前章の終わりに「(女から見た女も）少々理屈っぽくて暑苦しくなったので、何ぞ方面を代えてあっさりしたものを書くことに」としていたが、それが新開座という大衆娯楽劇場（芝居小屋）で開演中の落語家、桂《かつら》小南《こなん》とその一座を訪ねたものだった。これまでにも彼女は、新開座をたびたび訪ねて「活動写真の女弁士」「女優井深玉枝」などを取り上げている。

読んでいくと、たしかに大上段に構えたこれまでの連載とは趣向を異にし、軽妙な味わいの作品である。さて、その落語家・桂小南とはどんな人物だったのか。はじめに簡単な経歴を記しておく。

◇初代桂小南（一八八〇～一九四七）東京下谷生まれ。幼少時大阪に移る。十一歳の時桂南光のちの桂仁左衛門に入門、小南を名乗った。本名、岩田秀吉。一九〇五年師南光を追って上京、東京で上方落語を演じる（平凡社『古今東西落語家事典』など参照）。

文中からもわかる通り、連載は「高座ならいつでも聞ける。むしろ日常素顔の話を聞いてみたい」と思い立って、桂小南が投宿中のホテルを訪ねたようだ。

●落語家の噺①

高座の話しはいつでも聞かれる。常住座臥《じようじゆうざが》の話が聞きたいと思って、蒸し暑い昨日の午後二時というに記者は福島ホテルへ、目下新開座開演中の落語家桂小南《かつらこなん》と一奴《やつこ》を尋ねた。「どうぞ、こちらへ」と優《しと》やかに三つ指を突いた小粋な姐さんに案内されて、広い長い廊下を曲がりくねり、ようやくのことで小南さんのお部屋に着いた。

ホテルの中でも北の庭に面した風通しのいい一番奇麗な座敷。ほど近い信夫山の絶頂《いただ》きが青い大頭をもっくり持ち上げておるのが寝ころんでいて眺められる。と言ったからとて、何も記者が客に行って寝ころがって眺めたのじゃありませんの。

「私が桂小南……」てな風に形式《かた》通りの挨拶が済んだ。「どうもよう蒸しますな。……昨晩《ゆんべ》はいらしってくださいましたか。ああ、そうだすか。よろしゅうお提灯持ちをお頼み申します。ここにおりますのが、右女輔《むめのすけ》という色男でございます。どうぞ何分よろしゅう」小南さんは、いつも高座でやるように苦み走った長い顔に、妙な微笑を浮かべてこう言った。「どうぞ書いてくださいな。何を書くってあなた、解ったことやありませんか。右女輔は好い男やて……これでもお道楽はたくさんありますよ」

折しもこわやこわや、日本一の色男右女輔さんが、はでやかな湯上がりの衿《えり》をおつに掻き合わせて、両膝を乗り出して前歯の抜けた口をもぐもぐさす。おっと失礼（前歯の抜けた）だけは号外のお景物《けいぶつ》だった。「お道楽はたくさんありますが、先ず第一にあれ（?）なんです。後みんな第二の部に入るんですな」と小南さんが小指を突き出して側からまぜっかえす。右女輔さんもうすっかり色男気取りで納まったもの、背中を丸く弓なりに曲げて「道楽は先ず第一に女……それから玉突き。玉突きではホテルの中で私が第一番、いの一番っていうところです。福島で一番の名士が百五十だそうです。私は二百五十です」オホンと言わぬばかりに小鼻がうごめく。罪のない大きな赤ん坊だ。

　ところへ一奴さんが、前歯の金をピカつかせて、にこにこと入ってきた。「ようお出で下さいました。何分師匠のことをせいぜい褒めて下さるよう……」

（七月二十一日）

●落語家の噺②

（前々号続き）ここ福島ホテルの奥座敷……池の向こうの築山に、もくもくした黒い人影が見える。庭木の間から半身をぬっと出して腰を伸ばしたのを見ると、芝生を刈り取っている植木職人であった。

　話は一時途切れた。皆の視線は芝刈る職人の上に注がれた。「何でしょうな。床屋があんな大きな頭を刈ったら、大分貰わなきゃ合いませんでしょうな」と右女輔が記者の顔を見て笑う。なるほど落語家らしいことをいう。金くさいことをいう。どうしても贅六式《かみがたしき》だと記者は思った。そのうちに一奴がまた話し出す。

「仙台では十五日演《や》りましたが、十日も満員でしてな。福島《こっち》はどうでございましょう。初日の晩などは皆一粒選りのお客様のようでございましたな。手前どものような未熟な落語でも熱心にお聞き下さいましたし、また皆様にもよくお理解《わかり》になったようでしたな。本当に嬉しうございました。そこへ行くと仙台などでは、何だ落語《らくご》なんてけちな物だてな顔をしていらっしゃる方が多いようでございました。それで落語《はなし》の落ちがお解かりにならないで、オ～イ、その落語の続きを語れとか、その落語の結末をつけろとか、盛んにお向こうからお声が掛かるんですから実際困りましたよ。いくらお客様の御注文でも落ちの説明はちと畏れ入りますで……ハハハ」

仙台だとてそうわからないお客が多いわけもあるまいが、しかし佐々醒雪《さっさせいせつ》先生が通俗元禄文学を講義なさる時に、どうも上方や江戸の軽い文学上の洒落《しゃれ》になると東北出身の学生諸君には解りにくい所が多いように思う、と言われたことがある。今思い出して妙に感じた。ただし、それとこれとは話しが違うかもしれん。一奴はまた「もっと可笑しい事がありましたよ。やはり仙台です。お客様に呼ばれて、ある西洋料理へ行ったんですね。するとあなた、四辺にいた人がヤァ落語カタリが来たと言うんでしょう。実際初耳でしたので、少々面喰らいましたよ。呼んでくだすったお客様までが何か一席語ってくれと言うんですからね。これじゃ張《は》り扇《おうぎ》の講談と間違ってお在《い》でると見えましてな、実際恐縮しましたよ」云々（よしの）

（七月二十三日）

高名な落語家、桂小南とその一座を相手にしながら、物怖《ものお》じしない堂々としたインタビューぶりが浮かんできそうである。

この「落語家の噺①」が掲載された七月二十一日、同じ日の演芸欄にもうひとつ、「桂小南一座見聞記」なる三十六行のコラム記事が見えている。特に執筆者の署名がないので、誰の記事によるものかは判然としないが、筆調からみてどうやら木村よしのではなく、男性のようである。記事のあらましを拾うと、次のようである。当時の落語公演の雰囲気がよく伝わってくるので参考にしていただきたい。

▼桂小南一座七名は、いずれも落語家である。それに見聞記とはいささか変だと思う人もあろうが、落語に限らず義太夫でも浪花節でも耳で聴いていただけでは不満足なもので、やはり目で視ねば本当に聴いたような気がしない。いわんや同一座は、手踊りや所作ごとという号外の景品つきなるにおいておやだ。落語の見聞記、いささかも無理でないはず……。（途中略）。
▼右女輔、一奴、小南の大頭株については他日また書くからここには省く▼何しろ舞台の飾り方から噺しから上方弁から、皆こちらには初お目見えで珍しく見聞される。初日は実に大入りで非常な景気であった。大向こうの桟敷《さじき》には北裡連がズラーリ並んでいる。その他の桟敷や土間には品のよい客種がいっぱいだ。米屋町や北裡からの花ビラも三十枚ほど並んだ。いくら福島でも、やっぱり真の芸人は芸人として買ってやるだけの目は無きにしもあらずかね、ウフン。

ところで「落語家の噺」の後編②に、おやおやっと気になった妙な記述がある。それは落語の落ちについて触れたあたりで、筆者の木村よしのが「……しかし佐々醒雪先生が通俗元禄文学を講義なさる時に、どうも上方や江戸の軽い文学上の洒落になると東北出身の学生諸君には解りにくい所が多いように思う、と言われたことがある。今思い出して妙に感じた」とつぶやく部分である。

ひょっとすると、これは木村よしの自身がどこかの大学で佐々醒雪先生の講義を受けたことを暗示しているのではないか。しかも東北出身の学生諸君とは、木村よしの自身を含めた表現なのかもしれない。そもそも木村よしのは相当高度な学識と教養を持っていた——その裏付けはどうやらこの辺りにあるように考えられるのだ。

それが非常に気になって、佐々醒雪という人物の経歴、とりわけ彼がどこで教鞭をとっていたものかをかなり調べることになった。やや長くなるが、その調査の軌跡を参考までに記しておく。

◇佐々醒雪《さつさせいせつ》（一八七二〜一九一七）　明治大正時代の国文学者、俳人。京都出身で東京帝大国文科卒、在学中に俳句結社「筑波会」を結成し、「連俳小史」を帝国文学に連載。旧制二高、山口高等学校で教鞭を取ったあと、明治三十四年金港堂で「文学界」を編集。明治三十九年東京高等師範学校の教授となり、晩年まで国語、国文を教える（朝日新聞社『朝日日本歴史人物事典』参照）。

この経歴を読んでいくと、木村よしのが明治三十九年から四十四年にかけて、東京高等師範学校あるいはどこかの大学などで佐々醒雪の講義を受けていた可能性があるのではないか、とふと思われた。雲をつかむような話であるが……。

その東京高等師範学校だが、明治四十四年発行の沿革誌によると、明治五年に旧昌平黌《しょうへいこう》跡で小学校授業の方法を授けたのが創始だという。「師範学校、中学校及ビ高等女学校ノ教員タルヘキ者ヲ養成スル所」とあり、当時の上級教育機関の校長・教員養成を担っていた。男子校であるが、明治十八年〜二十三年には東京女子師範学校を併設していたようだ。ちなみに明治四十四年の同校沿革誌には、何と創立以来の卒業生と在校生が記録されており、驚かされた。明治十九年〜二十三年には旧会津藩出身の山川浩《やまかわひろし》が校長を務めていた記録も見える。

男子校であるから当然木村よしの名前は見当たらなかった。それでも教授一覧では、明治四十三年の項に「佐々政一、国語教授、北海道、士族」と見えており、果たして佐々醒雪のようである。

この東京高等師範、東京女子高等師範の線が不明となると、佐々醒雪は東京高等師範学校のほかに他の大学で教鞭を取っていなかったかどうかである。

さらにもう一度他の資料を当たると、佐々政男編著『醒雪遺稿』（一九一八年明治書院）、『日本近代文学大事典』（一九七七年講談社）、『日本音楽大事典』（一九八九年平凡社）では、東大、早稲田大学等でも教鞭を取ったと記載。さらに『コンサイス日本人名事典』（一九九四年三省堂）では「東京高師、日本女子大の教職についた」という記述が見つかった。

明治中・後期の男性中心社会にあって、東大や早稲田大、東京高等師範学校はともかく、進取の精神に富んだ木村よしのは「東京で日本女子大に学び、その途中に女性解放運動家の福田英子の知遇を得たのではないか」という仮説が筆者の脳裏に浮かんだのである。

日本女子大学は、明治三十四年（一九〇一）四月二十日に東京・目白台に開校したわが国最初の女子高等教育校、女子大学である。創立者は成瀬仁蔵先生（校長）で、創立当時の第一回入学者は五百十名。家政学部、国文学部、英文学部、英文予備科、そして付属高等女学校が置かれたという。しかしこの日本女子大の線も、照会した同窓会では「卒業生名簿には木村よしの（芳野）の名前は見当たらない。ただし中退ならわかりませんよ」ということだったので、再び迷宮に閉ざされてしまった……。いったい彼女はどこで佐々醒雪の講義を受けていたのであろうか。

さてこの調査の続きは、またあとで書くことにして、もう一度木村よしのの新聞連載に戻ろう。

第七章　遊芸のお師匠

このシリーズは、木村よしのがどうやら福島市内の歓楽街で活躍する「遊芸」の世界にスポットを当てた試みのようだ。

連載では、元大村屋大吉《だいきち》姐さんこと坂東美代治《ばんどうみよじ》、義太夫の豊竹音女《とよたけおとめ》、三味線の田中よね師匠、という三人の女性を訪問した。「女から見た女」の連載に見られた熱っぽい女性論から一転して、こんどは遊芸＝芸道の世界の奥床しさを訪ねる内容になっている。ここでもやはり彼女の関心は芸の世界に向かっているようだ。

また、なかなか素性を明らかにしない木村よしのだが、この連載では「おやっ」と思わせる、彼女の来歴に関する記述がいくつか登場するのも興味深い。

最初に七月二十三日と二十五日の連載は、元大村屋の大吉姐さんこと坂東美代治を取り上げたもの。坂東美代治とはどんな人物だったのか、冒頭にその紹介がある。

●遊芸のお師匠（その一）　板東美代治

昔は当市北裡大村屋の大吉姐さんと嬌名《きょうめい》を一代に称えられ、今は元花やしき跡大平某の妻久子さん。名聞の声黄金の響きにのみ齷齪《あくせく》たる当世婦人の中にも、かかる貞女があるとは頼もしい。

思い出せば、記者はまだ世間の話しなど本当に解りもしないもも
わり髪の時分から、この大吉という姐さんの名は知っていた。その評判は大したもので、東京に例えていうと昔のぼんた、今の萬龍《まんりゅう》ほどに福島では人気があった姐さんである。それが今は芸名坂東美代治という師匠となり、北裡の雛妓衆を相手に三絃や舞踊の稽古に余念なく、夜昼の忙しさを厭《いと》いもせず、貞実に夫に仕えておらるる。さればこそ、よしや八寸の膳に贅沢はなくともその四寸ずつの和合、失礼ながらお羨しいばかりである。

村雨の雨あがりある夕べ、記者は久方ぶりでお師匠さんをお訪ねした。その折のお話し、お許しを得てこれから記しましょう。

「私はね、もともと踊りの師匠をしようとか、商買にしてみようとか、そんな考えがあってお稽古したんじゃなかったのよ。私の親爺が道楽に密《しの》びて習わしたんですよ。密びっていとおかしいが、私の家は牛込の暗闇坂にあって、祖父が安藤友則って七千石ばかり貰った旗本だったの。それで私は四つの年から種々な芸事を稽古しましたよ。まだ四つでしたから師匠に通えないって言うのでね、同じ貧乏旗本の娘を貰って、そいつに踊りを習わして私に稽古さしたの。それが手ほどきでしたの。今その人は私よりずっと立身して藤間勘十郎の後を継いでおりますよ。六才の歳から師匠の許へ通い出ししました。私は小さい時はごく弱くってね、大変脳がいけなかったの。それで当時私の家に出入していた小山っていう医者のところへくれられたんですよ。それで安藤を名乗れない訳なの。そう申しちゃ何ですが、暗闇坂の安藤といえばちょっと人にも知られてい

たんですが、何せ親爺が馬鹿でしたから、お金も大分なくして……今でもその屋敷は人手に渡っていますが、そのままそっくり残っていますよ。大久保の余丁町に小笠原様のお屋敷があるでしょう、あのお屋敷の上ですよ。お金に不自由はありませんでしたから、遊芸の一通りは何でも習わせられましたの。今の中村芝翫《しかん》なんとも、私共とはお稽古朋友でしたよ。坂東の家に習いに行ったんですが、友奴は藤間、道成寺は花柳という風に、その流の得意々々のものは何でも彼でも片端から習って行ったんですよ。東京中の師匠は誰にでも習ってみました。これ御覧なさい、この指ね十本とも皆斬ったんですよ。それ御覧なさい、接ぎ目が細くなっていましょう。ちょうど六つの時でしたよ、踊りのおさらい会があった時、どうかして親爺の本物の刀が欲しくてたまらないんですね。そこで密《そっ》と持ち出したもんなんです。そして立ち廻りの時にね、本物だということを忘れてしまって両手で握ることあんです……うっかり握って十本共ばらばらあっ指が落ちたてんで、あわててひろってくっつけたんですよ。その当時は人殺しやためし斬りの盛んな時で、子供でも血を見ることなど平気でした。もっとも私の家風が武士堅気で、そういう風にしこまれたんですね。（つづく）

（七月二十三日）

●遊芸のお師匠（その二）舞踊のお稽古にはどんな心掛けが大切か

次に遊芸の道に志す人の参考にもと、多年の実験からきた経験談のようなものを師匠坂東美代治（元北裡大村屋の大吉）さんにお伺いすると、

「そりゃね、人によって器用、不器用の差はあるが、先ず何より大切なのが、熱心と根気ですね。もっともこれは遊芸に限ったことはありませんが……、少しの才智にまかして器用に覚える子より、無器用でも少々覚えの疎《うと》い子でも、根気よく熱心にやる子の方が、私達には末頼もしく思われる。また不思議とこういう子の方が終りには勝利をしめる。物事は何に限らず習い始めたら中途で休んだり、怠惰《なまけ》たりしたらもう進歩《すすみ》っこはありませんよ。殊にこの道は退歩《くだ》って行くのが眼につきますね。子供のことですからついお稽古に行くより、お人形事でもして遊んだ方がいいとなって怠惰出す。この時親が傍からよほど厳重《やかまし》くしてやらないと、千日の業も何とやらになってしまいます。芸事には中折れと言って、上達するまでにどうしても三度恐ろしく腕の退歩《さが》る時がある。習い始めはまあ面白いのと好奇心で一生懸命やるが、そろそろ飽きがくる此れが一度目。その飽きも首尾よく通り越すが、こんどは難かしいので厭気がくる此れが二度目。こんどはまあ十五、六から七八という齢になってるから、そろそろ色気が出て恥ずかしいとか気まりが悪いとか、妙な気を起こしてお稽古の方がお留守になる、この時が一番肝要《かんじん》な時ですよ。腕はもう一通りまで上達《あが》っているんですから、この時さえうまく通り越せばもうしめたもんですが、それが親の不注意か何かで過まったらもうがったら落ちになってしまいます。なかなかこれで芸事と一口に言いますが、骨の折れるもんですよ。また私ばかり口やかましく言っても、親御さんの方で、何を習ってきたかも知らずにいるというんじゃ、まったく困りますし、習わせる親と師匠の心が同じでなければいけないもんで……」

お師匠さんのお話は、一々うなずかれる節ばかりだ。近頃は学校と家庭との連絡をつけるために、一ヶ月三回とか四回とか日を定めて、受持の先生自身が生徒の家庭を訪問する学校もあるというような事を聞いたが、それもこれも道理は同じこと。

「三味線は型のないものですが、踊りは一通りの型があるもんですから、どんな子にでも一通りの真似は出来ます。またこの型というのが誠に難儀なことで、当初腹がなくてお師匠さんの真似ばかりしているのですから芸が活きていない。手足は動かしているが気が働かない。同じ指を伸ばすにも腹がないから、指の先が死んでいると言ったわけで、役者や寄席芸人の踊るのはなるほど型通りのことを器用に動かすが、腹がないから死んだ芸だ。素人のはぎこちない垢抜けのしないところはあるが、熱心で気が入って誤魔化しがないから見ていて心もちがいい……」

お稽古の人が込み合ってきたから、記者はこれでお暇をした。（よしの）

（七月二十五日）

この記事に登場した元大村屋大吉姐さんこと坂東美代治とは、実際どんな人物だったのか。明治百年を記念して昭和四十三年（一九六八）に刊行された『福島百年の人びと』（福島民友新聞社）の「名妓伝」に彼女の紹介が見つかった。

「一人旅の江戸美人——手甲《てこう》に脚絆《きゃはん》、そんな姿で美人が白河の関を越え、北をさして歩いた。この女は一人旅を続けて福島の町にはいった。名を大吉といった。江戸芸者として名を売っていた。その華やかな存在の大吉がなぜ東京を離れたのか……。

大吉が福島入りしたのは明治十七年の夏。まだ二十歳ぐらい。東北本線が宇都宮まできり開通していなかった。そこからは歩いてきたというからなかなか気強い女だった。そのころ福島は生《き》糸《いと》ブームにわいていた。『福島は東北経済の中心地』と自負したほど、活気に満ちあふれていた。大吉は福島の町をみてこの土地こそ芸者のかせぎ場所と信じた。そして芸妓置き屋『大村屋』を開いた。福島の三業地（芸妓置き屋、待合、料理屋の密集したところ）として名を売った北裡（仲間《ちゅうげん》町、北町、豊田町の一部）で『大村屋』は長く盛名を誇った。江戸芸者だった大吉の〝勝ち気〟が客の気をひいたのであろう。大吉はのち橘流の踊り師匠になった」

とすると、木村よしのがインタビューに訪れた明治四十四年というのは、大吉姐さんが四十七歳の頃であろうか。

この記事を読まれて、おやおや……と思われた方も多いだろう。木村よしのはかつての連載の中で「福島に来たのは近頃のこと、それまで東京にいた」と述べているのだが、大吉姐さんを訪ねた今度の記事では、「思い出せば、記者はまだ世間の話しなど本当に解りもしないももわり髪の時分から、この大吉という姐さんの名は知っていた」と驚くべきことを語っているのである。つまり、自分がまだ桃割れ髪の少女時代から大吉姐さんの盛名を知っていたというのである。

すると木村よしのという女性は、この土地福島で育ったことを物語っているのではないか。しかも大吉姐さんに会ったのは、どうやら今回が初めてではなさそうだ。記事の中で「村雨の雨あがりある夕べ、記者は久方ぶりでお師匠さんをお訪ねした」とも言っているのである。彼女の来歴をさぐるうえで非常に重要な一編に思われる。

さらに不思議なことに、踊りの師匠坂東美代治と木村よしののやりとりの中で、「私の家は牛込の暗闇坂にあって、祖父が安藤友則って七千石ばかり貰った旗本だったの」とか、「大久保の余丁町に小笠原様のお屋敷があるでしょう」などと、在京時代のことを坂東にさりげなく語らせている。つまり牛込の暗闇坂とか大久保余丁町とか、まんざら木村よしのが知らない土地ではなさそうな、いやそのあたりに十分土地勘が働いているような響きが伝わってくるのである。

この秘密は、のちほど解き明かしていくことにしたい。

続いては義太夫の女師匠・豊竹音女を訪ねた記事である。

●遊芸のお師匠（その三）上方弁の豊竹音女、今の素人芸を説く

新町の藪内時計店と髪床屋の間の細い路地を入ると、右側に豊竹音女という軒電灯が突き出ている。そこが有名な義太夫の女師匠、音女（実名今野とよ子）さんのお稽古所である。師匠は小猫を相手に、今年七十七の母御様とのんきにその日を暮らしていらっしゃる。一昨日のこと、奇麗にお掃除の済んだ朝、路地口の飛び石伝いに案内を乞えば、相変わらず太った色つやのいいあのお師匠さんが「さあ、お上がりやす」とこう元気よく上方訛《なま》りで言って、長火鉢の傍から及び腰に記者の方を覗き「むさい所へようこそ……ああそうですか、私で済みますことならもう何なりとも」

お師匠さんは、まことに快活なさっぱりした気のおけない人である。ある奥さんが「お師匠さ

んはね、まことにさっぱりした気質の方で、俗にいう芸人根性なんてこれんばかりもない人です」といつぞやおっしゃったが、この奥様に限らずお師匠さんの顔なじみになった人は皆、いい人だ、いい人だと褒める。お師匠さんは幸福な人だ。

「私の国かな。国は阿波の徳島だす。え、大坂にも長いことおりました。当地へ来ない前、北海道にいたんですよ。福島へはほんのもう腰掛けに永くて二ヶ月程と思うたのが、つい長ごうなって今年でもう七年になりましたわ。本当に不思議な御縁で……」

「息子が一人有りますがな。去年まで兵隊さんで、北海道の旭川に行っておりましたが、昨年除隊になって大坂へ帰りました。帰りしなに福島へ寄って、新開座で語って行きましたよ。お聞きやしたか」

ところへどこからともなくチリンチリンと可愛いらしい小鈴の音がしたかと思うまもなく、黒斑点の握りこぶしほどな可愛いい可愛いい子猫が、障子の腰板に尻尾をこそこそ磨きつけて、しばらく狙っていたが、突然お師匠さんの袖へじゃれついてきた。お師匠さんはわが子のように子猫の頭をさすりながら話しを続ける。

「なにね、昔と違って義太夫でも大分変わりましたよ。昔は何でも義太夫といえば『ウーッ』というように、太い唸《うな》るような声を出さなきゃならんように思うとったのやけれど、当節はそんな無理な声を出すとかえって厭らしくて聞いておられまへんわ。そうやから何でも御自身の持ち前の声をねっていくんです。そのうちには自然と無理をしないで、幅も出るし太くもなっていきますわ。何でも義太夫声にならにゃいかんと思うて、無理に真似をするとおかしな厭らしいものになってしまいますから、年数をかけて御自身の声をねっていくよりしかたありまへん。なに、二つか三つ上げるうちには知らず知らず義太夫になっているもんです。先だっての新開座お聞きやしたか、ああそうですか」

お師匠さんは十二時から北裡へ出稽古にお出でなさると聞いていたので、お邪魔してはとお暇すると、お師匠さんと子猫が出口の所で見送ってくださった。

（七月二十六日）

さて次の記事は三味線の師匠・田中よねという女性を訪問したものである。

●遊芸のお師匠（その五）北裡のおよねさん

仲間町の中ほどに、田中よねさんとおっしゃる三味線のお師匠さんがいらっしゃる。過日の午前、大風の静まる刻限を待って記者はお師匠さんをお尋ねした。

ちょうど記者の伺った時は、北裡辺の待合の娘らしいのが二人お稽古に来ていた。記者はお師匠さんの出してくだすった茶をすすって、お稽古の済むまでお待ちした。

お師匠さんのさいた三味の音につれて、可愛いらしい子は無邪気な声をはりあげて唱う。「……お師匠さんのおっしゃったことほんに忘れはせぬけれど……ふっつり嫉妬せまいぞと嗜んでみても情けなや……」記者はお腹の中で、ははぁ長唄の手習い子だなと思いながら聞いていた。次の子がお稽古済ませて帰るまで、記者はぼんやり聞いていた。

「どうも失礼いたしました。今日はこの風で、子供さんたち学校休んだもんですから……」

お見受け申したところ、お師匠さんは四十近いどこか仇っぽい様子のいい方で、眉のそり落とした後がきわだって青い。

「私ですか……私は東京ですの。福島へ来てもう七年になりますよ。ちょっとと思って来たんですが、居ついてみるとなかなかそうは行きませんでね。私の叔母がね、当地で義太夫の師匠していたもんですから、来ないかなんて言われましたのが動機で。叔母の名ですか？ 鶴沢清里《きよさと》てんですの、もうなくなりましたよ」

お師匠さんは純江戸っ子的な、ちゃきちゃきした、気のおけないいい方。そのうちまた、お稽古の子がやって来た。

「なに、そんなでもありません。只今では十五、六人見えますが、そのうち素人の方は四人きりありません。北裡の雛妓衆が多うござんす。三味線と踊りですか？ そうですねどっちがやさしい、こっちが難かしいなんて区別はないようですね。なに限らずお稽古ごとは幼い時に限ります。幼い時覚え込んだのは大人になってもなかなか忘れませんが、大人《おお》きくなってやり出したのはどうも忘れる気味がありますね」

「得意のものと言って別にありませんが、もと私は東京で芸者していましたからね、何でもやりました。最初はやはり長唄から入りました。中でも清元《きよもと》は好きですが、どうも常盤津《ときわづ》はあきません。お座敷ではいやでも唄物をひきましたから数は多く覚えています。それに私は福島へ来ますまで、東京で芸者屋をしていましたから……」

お稽古の子がそれからそれとやって来るので、落ち着いてお話しているのはお気の毒な気がしたので、又の日を約しておいとまするると、お師匠さんは記者と同時にお稽古すませて帰る小さな娘さんに「相生《あいおい》の琴ちゃんに会ったら、休まないでいらっしゃいってね、言って頂戴よ」と伝言していた。往来はまだ風が吹き荒れていた。（終）

（七月二十九日）

木村よしのにしては、珍しく気合いが入らない記事である。それも取材中にまたぞろ、お稽古の子供がやって来て落ち着いて取材が出来なかったのか、あるいは惰性に流れマンネリ化してしまったものか。

ところでこの七月二十九日の連載は「遊芸のお師匠・その五」になっているが、「その四」は七月二十七日に当該の連載が見当たらない。翌二十八日は新聞第三面そのものが欠落（福島県立図書館）になっているため、残念ながら「その四」を見ることが出来なかった。国立国会図書館の調査では「その四」の掲載は見当たらないという。七月二十三日に始まった「遊芸のお師匠」の連載は、この二十九日で終わりを告げている。

第八章　姿を消す木村よしの

木村よしのは、このあとどのような記事を書いていたのだろうか。私はわくわくと胸をときめかせながら、当時の福島民友新聞を一ページずつめくっていった。

何しろ一世紀以上も前の新聞である。発行本社である福島民友新聞社には、残念ながら明治期、大正期、昭和初期の新聞は残存していない（それは太平洋戦争期の昭和十六年、軍部の言論統制により福島民友新聞が五年間にわたり休刊を余儀なくされた。それにより新聞社そのものが途絶えた歴史を持つ）。わずかに福島市の県立図書館に、明治三十二年十一月二十五日以降に福島民友新聞の題字で発行された新聞がマイクロフィルムで保存されている。

それを一巻ずつ投影機に掛けて見るのだが、紙面の外側四辺は変色しぼろぼろに欠落したあたりなど、長い歳月の重みをしみじみと感じさせるものがある。

その当時の福島民友新聞は、朝刊四ページ建ての紙面で、第一面は評論・論説をトップに県政、文芸など。第二面に国内外ニュース、第三面に県内社会ニュース、連載物、第四面に連載の人気講談・小説などを配した。これまで紹介した「本県師範女子部」「授産場訪問」は第一面に、「女から見た女」「遊芸のお師匠」の連載は第三面に掲載されている。

木村よしのはこれまで見てきた通り、明治四十四年五月から六月、七月の三か月間、集中的に訪問記事や「女から見た女」の連載ものを署名入りで発表してきた。ところが先に紹介した七月下旬の「落語家の噺」「遊芸のお師匠」と題した連載を境にして、木村よしのの署名記事はおろか、女性記者が執筆したと見られるような内容の記事は急激に少なくなってくる。

これは一体どうしたのだろうか。

もちろん記事のすべてに署名が付いている訳ではない。すべての記者が署名記事を書いている訳ではない。木村よしのが署名なしの一般記事を書いていたとしても、決して不思議なことではない。

それにしても、である。

当時の新聞を何度もめくり返しながら、わずかに発見出来たのは、七月十八日と十九日、さらに間をはさんで七月三十日に掲載された「浮世風呂女湯《うきよぶろ》」と題する一種風変わりな連載の三編。もうひとつは、年をへだてて明治四十五年一月一日、めでたい新年号の第五本紙に掲載された「猩々《しょうじょう》の鶴《つる》」と題する笑話のみである。

はじめの「浮世風呂女湯」には、執筆者の署名は見当たらないが、女湯を取材した記事であるから木村よしのの執筆ではないかと考えてよいのでは。記事の筆調からもそう考えて間違いないものと思われる。当世の女湯をテーマに新聞の連載とは、いかにも軽妙洒脱《けいみょうしゃだつ》というか奇想天外な発想だろう。女性の自立を訴えてきた熱情家木村よしのの、意外な素顔を知ることが出来る。

この連載の意図は、初回記事の末尾に次のような注記があるのでよく解かる。

〈右『浮世風呂女湯』と題せるは、市内のこらずの女湯へ記者が親しく入浴して、その衛生上の注意をはじめ、その湯屋特殊な入浴客の風俗を観察してみようとの試みに外ならぬのです。（一記者）〉

いわば市内残らず、女湯の当世風俗を紹介したいというのだ。しかし連載では、福島市稲荷小路の「寿湯」と、福島市万世町の「山の湯」の二か所を訪れただけで終わってしまっている。まずはその連載から――。

●浮世風呂女湯①

ガラガラガラ「こんちは……」と当市稲荷小路寿湯の格子戸を開けると、島台に飾る高砂の媼《うば》のような人のいい婆さんが「お早いなし」と、べっ甲縁の虫眼鏡をかざして講談本か何か読んでいた。その眼を注ぐ、正面の姿見は白く曇って、三越や新開座のビラが風になぶられてバサバサと縁を打つ。そして永年の御奉公でだいぶ古びた竹籠が重なっている。流し板の所々は腐りかけてうっかり歩こうものなら、ずぶりと足が抜かりそう。湯気やら湯垢やらで一種の臭気が鼻をつく。これでも客は相応にあるのだ。朝の十時頃から午後の二時頃までは、宮町辺の若奥様たちで賑わう。

「おや奥様、今日はあなたの方がお先でしたね」「ちっとお出掛けなさいまし」「先だっては旦那様と御比翼《いっしょ》にお散歩でしたね。私、ちゃんと拝見していましたわ」。こんな話が久しく続くと、後はお定まりの芝居の話し、誰彼の奥様の噂、廂《ひさし》の出しよう、髪飾り、はては着物の品定めと話はそれからそれに続く。たしなみのくずれない範囲において、ホホホ……ハハハ……と笑いさざめき、薄化粧をほどこしてサヨナラと格子を出る頃は見違えるような美しい奥様となる。

入り替わって三時から四時、五時頃となると、北裡の大村屋、藤村屋、花ときわを始めとし、福住、新藤あたりの仇《あだ》っぽい姐さん方が踵《きびす》をついてぞろぞろとやって来る。コーンチワ、てなちょっと堅気には真似の出来ない、ごく艶っぽい声を出して入って来る。大方は二、三人ずつの隊をなして来るのが常だ。「あら姉さん、いらっしゃい。お湯汲んでおきましょ」「お使いなさいな」「ありがと、戴きます」。話はこんなところから始まって、喃々喋々《なんなんちょうちょう》その尽くるところを知らずてなわけ。けれどもさすがは福島の姐様《ねえさん》たちだ。お座敷の不平やお客の悪口陰口などを叩くような、品の悪い野暮な人は一人もないようだが、どうかした天気の加減で「私、本当にあんな、いけすかないッちゃありゃしないわ」こんな激語《げきご》も漏れる。（つづく）

（七月十八日）

●浮世風呂女湯②

（寿湯の続き）薄化粧のすっきりした濃艶な姿を番台の前に、こう斜めに男湯の方へ背中を見せて、老婆の差し出す煙管の煙を仇者《あだもの》が輪に吹くおり、ちょうど男湯の方から妙な視線が稲妻のように閃《きらめ》く。次第によっては偶々《たまたま》この薄化粧の瞼から人知れず秋波が流れる。そんなことは一切おかまいなく、湯槽の方では「ちょっと番頭さん、おか湯がない事よ」「お先、ごゆっくり」など言う声がかしましいの何のって、こんな客こんな騒ぎがひとしきり跡をたつと、後は夜の客。この夜の客にはなかなか奇妙変來の客が多い。乳飲み子やよた歩きの子供を連れた、裏長屋辺の嬶《かみ》様《さん》たちで大混雑。何のことはない、火事場へ行ったよう。牝豚のように太った嬶様が嫌がって火のついたように泣く子を、はち切れそうな太股の間へ挟みこんで、「エイ、やかましい事このドチキショ餓鬼、これでも泣きやーがっかァー、ほら泣いてみやがれチキショ」垢やら何や彼やらでごとごとと、濁った湯を湯槽から掌へしゃくって、泣く子の顔へざぶりざぶり掛けると、子は・・・・・むせかえりながら尚も母親に反抗する。

こんな活劇で女湯は阿鼻叫喚《あびきょうかん》の修羅道と化することも珍しくないのである。たしかに稲荷角の寿湯は、客が三つの階級に分かれていると思う。これを空気にたとえたら、午前は薄色、午後は濃厚な色、夜は黒《ブラック》な色。何と言っても寿湯には類の少ない一種の艶やかな空気が流れている。その故でもあるまいが、他の湯屋に比べて甚だ汚いにもかかわらず、いつ行ってみても客は相応に賑わっている。

（七月十九日）

いやはや、何とも。読んでいて思わず赤面してしまうような表現があちこちに。とりわけ「牝豚のように太った嬶様が嫌がって火のついたように泣く子を、はち切れそうな太股の間へ挟みこんで……」といったくだりの文章、女性にしては極めて大胆な表現ではないか。

しかし寿湯の客層を三つの階級に分けて、「これを空気にたとえたら、午前は薄色、午後は濃厚な色、夜は黒な色《ブラック》……」としたあたり、なかなか繊細な表現の持主ではなかろうか。夜は黒な色、のところにはブラックとさりげなくルビを付けたあたりは、やはり筆者が木村よしのであることを充分に想起させる。

●浮世風呂女湯③

万世《ばんせい》町は山の湯の格子をがらがらっと開けて、ぬっと顔を突き出すと番台には誰もいない。湯札や銅貨が台の上に散乱している。呑気なのか鷹揚《おうよう》なのか知らないが、何にせ油断のできる湯屋のような気がした。

聞けば近頃持ち主が替わったとかで、不完全だったところへは手を入れる、種々の設備も旧《むかし》よりよくなったそうだ。他の湯屋に比して少し狭く、薄暗いきらいはあるが、また狭いなりによく行き届いて流し板も新しい。子供などが自由に駈け出して歩いても、転がる憂いなどさらにない。場末の故もあろう、女湯は午後の二時頃でなければ開かない。ふたが開くと同時におか湯もいい加減に出来ていて、口から流れ出ているなどは全く他の湯には見られないことだ。水も堪えず竹の筒から流れ出、客に世話をやかせない。熱いと思えば、どんと一つ打《ただ》くか打かないに水がどどーっと出てくる。どこの湯屋にもついて廻る一種の臭気が、不思議とこの湯屋にはない。

最後に今一つ賞めておきたいのは、水の奇麗なことだ。どういうものか、福島は水が悪るい。どこの湯屋へ行っても、鉄分をふくんで錆色《まさ》をしている。山の湯とて全然奇麗だとは言われない。幾分か濁ってはいるが、鉄分は少しも加らない。その証拠には、この湯に来ている人の手拭いはいずれも真っ白だ。往来から奥へ引っ込んでいるなども、湯屋としては相応しい。真っ白な顔をしていきなり往来へ飛び出すなどはすこぶる無体裁だ。

格子をしめて出てくる時、亭主らしい男が長火鉢の前へ大の字なりになって、ふんぞり返っていた。入口の前に子供の赤いおしめが干してあって、出入りの客は嫌でもその下をくぐらねばならぬには少々お座がさめた。

（七月三十日）

筆者の署名がないが、木村よしのの記事と推定される。文中に「どういうものか、福島は水が悪い」との表現があり、筆者は他所からここ福島に移ってきたようなニュアンスがうかがわれる。このほか八月二十六日の演芸欄に「源《げん》之《の》助《すけ》と楽《らく》ちゃん」と題したコラム記事が見られる。記事の末尾に（芳）の表記があり、あるいは木村よしのの執筆かもしれない。彼女が舞台演劇に相当精通していることは、以前の記事でも触れてきた。今回のコラムも明治座、東京座、宮戸座などと相当に詳しい内容である。

コラムは、

「今晩は平町（筆者注・現在のいわき市平）の有声座《ゆうせい》が舞台開きの筈である。そしてこれには新派名優河合武雄の師匠で東京大名題の沢村源之助と尾上楽之助の一座が乗り込んで来ているとの話し、定めし死んだような本県の劇界に華々しい色彩を与えることであろう。源之助は私のまだ振分髪の時分から、同じ流れの沢村訥子《とつし》親子と一座《いっしょ》に、宮戸座を根城として、明治座、東京座等に出勤していた……（以下略）」

と劇評が書かれている。

このあとしばらく木村よしのという署名入りの記事はどこにも見当たらず、空白が続く。

次に登場するのは、年をへだてた明治四十五年一月元旦、新年号第五本紙の第一面を飾った「猩々の鶴」である。

この一編は、これまでのように取材に基づいた訪問記事ではなく、めでたい正月を寿ぐ創作笑話のような作品になっている。題名の「猩々」とは、辞典によればオランウータンの別名、想像上の動物（オランウータンに似るが、顔と足は人に似て髪は赤く長く垂れ、よく酒を飲む）、酒の好きな人、大酒のみ、能面の一つ等に用いられるが、どうやら大酒のみ・よく酒を飲む鶴の意か。

◇猩々の鶴　よしの

（笑い初め）ちょっとお隣りのお主婦《かみ》さん、いないのお鶴さん。壁越しに呼んじゃ何だけれど、遊びにお出でな。何を元旦早々がたびしいわしてんのさ。面当てがましいね。お前さん亭主《とこ》のは在宅かい。私《あたい》ん亭主じゃ棟梁んとこへ年始に。お出でったらさ一本つけるから。お茶なら御免だって、お挨拶だね。オヤ好かなよこの人は、黙ってりゃ裏口からこっそり。性質の悪い真似は止しっこ。まあ、火の傍にお寄んなね。嫌に取り澄ましてさ、柄にもないお止しよ。昨日今日の花嫁様じゃあるまいし。なあに、饒舌《しゃべ》っていないでお盃頂戴って。オヤオヤ何とも相済みません。折角だが私から祝って上げるよ。相変わらず口が能くすべるって、真実《まったく》その通りよ。おッそうそう話に夢中になって忘れっちまってたわ、お鶴さんてば喜んでもらう事があるんだよ。私ね、とうとう出来たんだよ。気味が悪いね、この人あ、変な笑いッつきをしてさ。何を勘違いしてんの。お挑戯《からかい》でないよ、出来たってお腹の話じゃないのよ。春着が……春着もちと大業《おおぎょう》だが、まあそう言った物が出来たってのさ。なんぼ意気地のない宿六でもさ、偶《たま》にゃ宿六でなきゃ間に合わない事もあるね。他の男じゃいくら強請《せび》ったっても、半襟一掛買ってくれぁしまいしねえ。ちょっと、へエじゃないよ。お前さんだって、若い時ゃ随分可愛いがられたくせにさ。私だってそうさ、昔や涙の出る程がりもがられもした同志ってんだよ。何なのよ手を振ったりして危ないじゃないか。なあに素面でおのろけはしどいって。お気の毒様、これでも素面じゃござんせんよ。今朝お化粧をしましたよ、オヤ……道理で化性か魔物としきゃ見えないって。アハアハアハアハ、うまい事を言うわね。

（怒り初め）戯談《じょうだん》はさておき、お前さんの髪はたいそう美《よ》く出来たね。やっぱりお隣りのお金さんかえ。道理でいつもたあ手が違うと思った。上手な人が結うと毛の艶からして別だね。私もね、お金さん止めようと思ってるんだよ。何故って、同じ長屋にいて顔の悪い事あしたくないけれど、あんまり口がうるさいんでね。長屋中の悪口を持ち運びするんだから、運送お金てえ綽名《あだな》はもっともだよ。お前さんの悪口なんかも、私随分聞かされたよ。さぞ私の事なんかも喋ってたろうね。そうかい、そんな嘘《うそ》っ八《ぱち》言いならしやがって。憎い運送阿魔《あま》だね、私も大方そんな事たァ思っていたさ。まさかね、亭主の棚下ろしまでされてるたァ思わなかったよ。畜生、覚えてやがれ。金輪際《こんりんざい》口なんか利くもんか。手前の亭主や何だい、烏天狗の乾物《ひもの》みてな野郎じゃねえか。餓鬼も餓鬼だ、揉みくしゃにして鼻かんだような粗末なんじゃないか。人のことがよく言えたもんだ。手前《てめえ》、天狗のとこへ嫁に来やがった時のこと忘れやがったか。あの師走の寒い晩にさ、おんぼろそぼろの袷一枚で震え上がってる姿さ。いかにも可哀相でならなかったから、まだ袖も通さない私の半纏《はんてん》をやったじゃないか。その外にさ半襟だの下駄だのって、盆暮れに幾らやったか知れやしない。その時、手前なんて言いやがった。糞、忌々しい。オホホホ、すまなかったわね。お前さんに言ったんじゃないんだから、悪く思わないでね……。オヤもう銚子が空っぽになっちゃんたんだよ。なあに、随分いけるッて。あたりまえだよ、私……そうじゃないか……猩々の鶴ッて仇名《あだな》なんだもの、オホホホホ、厳しい洒落だわね。

（明治四十五年一月一日）

こんな笑話である。

ところで同じ明治四十五年一月一日の新聞には、「恭賀新年福島民友社」と題した広告が掲載されており、経営陣新田貞橘・寺沢元良はじめ編集局同人九人（渡辺定記、川島丈、中山義助、後藤喜代之助、阿部多気雄、斎藤亀一郎、木村武雄、清野清三、遠藤一）の名前が掲出されている。しかし、ここにも記者木村よしの名前は見当たらない。これはどうしたことだろう。またして謎に包まれてしまうのである。

このあと木村よしのの記事は見当たらず。わずかに大正四年一月一日の新年雑吟に「よしの」の名前を偶然に見つけた。当人かどうかは不明。参考までに記す。三十句並んだうちの一句である。

●新年雑吟

黒くたつ社の杜や初烏　よしの

第九章　木村よしのの謎を解く

明治四十四年から四十五年にかけて、異色の女性記者として福島民友新聞に登場した「木村よしの」とは、いったい誰なのか？　はたしてどのような人物だったのか？　私は新聞連載における彼女の存在に気づいてから、足かけ十年近く、謎の解明に時を過ごしてきた。

一連の連載記事でわかるのは、記事探訪でそのつど触れてきた通り、①福島に来たのは最近のこと、それまで東京にいたこと②在京時代、女性解放運動家福田英子と親交があったこと③大学かどこかで国文学者佐々醒雪の講義を聴いていた④まだ桃割れ髪の頃、遊芸の大吉姐さんの名を知っていた（福島で育ったと思われる）⑤前年に福島で義太夫女師匠豊竹音女の息子の公演を聴いていた、など数少ない手がかりである。

また彼女の書き残した記事に、哲学者ニーチェ、クエスションマーク、矛盾撞着、凄愴、列強環視、閨秀、徳富蘇峰、プライド、オーソリティーといった人名や英語、難解な言葉がぽんぽんと飛び出す。その文章表現から「かなり高度な学識、教養を持った女性」であることがうかがわれる。当時の演劇界、舞台にも精通した雰囲気が感じられるようだ。

しかし、肝心の木村よしのの生年や出身地、生い立ち、学歴、経歴といった人物像などは一切不明である。

そこで私は、当初、明治四十四年頃の新聞界に関する幾つかの外部資料について、福島県立図書館、国立国会図書館、日本新聞協会などに照会してみた。当時を知る資料としては、『新聞総覧』（日本電報通信社、大空社）、『日本新聞年鑑』（新聞研究所）、『新聞人名辞典』（新聞之新聞社、新聞研究所、日本図書センター）などが存在するのだが、しかしながらいずれも木村よしの記者に関する記載は残念ながら発見出来ていない。

むなしく時が流れるばかり。

そんななかで私の調査が少しずつ前進し始めたのは、国立国会図書館が蔵書する膨大な資料を近代デジタルライブラリー（二〇一六年から国立国会図書館デジタルコレクションに統合）として、一般にも公開を始めたのがきっかけだった。その蔵書資料の一部は、私が住んでいる福島県会津若松市の市立会津図書館（明治三十七年の開館、市立図書館としては日本で最も古い歴史を持つ）でもオンラインでつながり、閲覧出来るようになった。

この国会図書館デジタルライブラリーで「木村よしの」を検索し、その資料を見ていくと二人の人物がヒットする。ひとりは明治四十二年から四十三年にかけて、早稲田大学の坪内逍遥《つぼうちしょうよう》博士が開設した文芸協会演劇研究所（男女優養成所）で第一期生として、かの有名な松井須磨子らと共に女優をめざしていた「五十嵐よしの」「五十嵐芳野」という人物である。

もうひとりは、東京都がまだ東京市を名乗っていた時代、昭和八年に開設された都営の結婚相談所で主任相談員となり、日本女子大学で学んだ田中孝子女史（所長）と共に長く、昭和三十年代後半まで活躍していた「木村よしの」という人物である。

しかもこの女優をめざしていた「五十嵐よしの」と、東京都結婚相談所にいた「木村よしの」は同一人物なのだという。私にとってはまさしく〝衝撃的な発見〟であった。

それはどういうことだったのか？

最初に女優時代の「五十嵐よしの」について驚くべき発見をもたらした資料というのは、昭和三十三年に刊行された伊藤理基《りき》著『その道を辿《たど》る』という古希記念の文集である。

本を著された伊藤理基という人物は、明治二十年山口県山口市の出身。明治四十二年早稲田大学の文学部英文学科に在学中、当時の早大・坪内逍遥博士が牛込・大久保余丁町において日本で最初の男優・女優養成所として開設した「文芸協会演劇研究所」の第一期生としてこれに加わった。その後俳優の道には進まれず、萬朝報《よろずちょうほう》・大正日日新聞・婦人毎日新聞・大日本雄弁会講談社、山口県・防長《ぼうちょう》新聞社など主に新聞人としての人生を歩まれた方であるのだが、昭和三十三年郷里の山口県で古希を迎えたのを機に、古巣の文芸協会演劇研究所や新聞・マスコミ界などで一緒だった懐かしい友人、仲間たちと共に古希祝いの記念文集として編まれたのが『その道を辿る』だという。

このなかに女優時代の五十嵐よしの、のちに東京都結婚相談所の主任相談員となった木村よしのという女性が「『閣下』のニックネーム」と題した思い出の一文を寄せていた。少々長い引用になるが、次の通りなのだ。

「閣下」のニックネーム　木村よしの

「語ればながいことながら」で、いろいろ書きたいことだらけで、おそくなってしまいましたことをお詫びいたします。

あなた様も七十を祝わるるほどになられた由、おめでとう存じます。大久保（筆者注：余丁町に置かれた文芸協会演劇研究所のこと）時代はいろいろお二人様にお世話になりましたっけ……今思い出しても、顔の赤くなるようなことばかりで、私もお別れしてから栄子様（筆者注：秋元千代子、同じ文芸協会の研究生のち伊藤理基夫人）の御他界のことも伺っておりました。あなた様の其後の御動静をも少しはしっておりました。けれども遠くへだたってしまって、疎遠がちになって済みませんでしたが、御出京の折もあらば協会時代の残った人達と会して、昔話でもしたいと思っております。

又こんな横道にそれましたが、文芸協会時代の思出話の中で、一番私の頭に印象されて消えないのは、協会第一回の試演（筆者注：明治四十三年三月二十七日にあった）の時、出しものは「ヴェニスの商人」でした。貴方のシャイロックに私のポーシャ、坪内先生は畢生を傾けられた事業だけに、そのはりきり方もたいしたものでした。今思い出してもあなたのシャイロックは落ちつきはらった、自信まんまんたるものでした。私が「肉の重さをはかる秤《はかり》はあるか？」という、セリフをとばしてしまった時、あなたは小さな声で「ヌカシタ、ヌカシタ、肉の重さを……がヌケタ、ヌケタ」とおっしゃった……。その態度がとても落ついて、日常と変るところがありませんでした。どんな場面に直面しても、常に悠々として端然たる態度のもち主であったあなた様は、どう見ても閣下といいたいような風貌でしたので、私は「閣下」というニックネームをつけてしまいました。それから後はあなたを呼ぶに「閣下々々」といって、伊藤さんとは決していわなかった。こんな手紙を書いていると、昔のあの時代のことがありありと目に浮んできます。

いま結婚の事業にも関係しておらるる由（筆者注：山口市の明るい結婚推進活動のこと）どこまで御縁がふかいことかと感慨にふけっています。いろいろお書きしたいのですが、心せきますので、いずれ後便にて。

お体お大事にね。お目にはかかりませんが、奥様にもよろしく申上げて下さい。

九月二十六日

木村よしの

伊藤　理基様

この一文には、伊藤理基自身が次のような説明を付記しているのだ。

〈※木村よしの女史は、文芸協会研究所時代の五十嵐芳野さん、目白の女子大学を中退して芸園に飛び込んだ新女性であった。

私を「閣下」の渾名で呼び始めたので、仲間もこれに倣い、家内までが後々までそんな風であった。但しこの名は、私が平素、朴訥《ぼくとつ》な調子で端的に応対していたので、ちょっと寄りつきにくい感じを与えたことに発したことだろうと自省している。女史は現在、東京都結婚相談所の相談主任〉

読んでの通り、この一文は明治四十二年に坪内逍遥博士の文芸協会演劇研究所で女優をめざしていた「五十嵐芳野」という女性が、五十年という星霜を経た昭和三十三年、仲間だった伊藤理基の古希祝いに寄せたものである。この女性は、目白の女子大学（言わずもがな、日本女子大学であろう）を中退して芸園に飛び込んだ新しい女性であり、現在、東京都結婚相談所で相談主任をしている「木村よしの」という女性なのだ、と伊藤理基自身が彼女の身元説明まで加えているのだ。

この女性が、はたして明治四十四年に福島民友新聞で筆をとっていた「木村よしの」と同一人物であるのか、そうでないのか、まだ定かではない。しかし、「五十嵐芳野」という女性が、目白の女子大学を中退して芸園に飛び込んだ女性であるという説明が、どうも木村よしのの連載記事の中で浮かんできたイメージ（当時としてはかなり高度な学識を持った女性、やたら演劇や舞台に精通したような記事の書きぶり）とぴたり一致するのではないか？

目白の女子大学とは日本女子大学にほかならないだろう。あのとき私が日本女子大学同窓会に照会した際、卒業生名簿に木村よしのの名前は見当たらないが「しかし、中退ならわかりませんよ」という一言が、やけに心の隅に引っかかっていた。

あまつさえ伊藤理基は、この女性を「新女性」と評している。この時代、新女性とは女性の絶対的解放を主張した福田英子や『青鞜《せいとう》』を創刊して女性の権利拡大を主張した平塚らいてう、等の新しい女たちの運動につながっていくのではないか。

それでは文芸協会演劇研究所がどんなものであったのか。さらに資料をめくっていくと、明治四十二年五月、文芸協会演劇研究所の第一期生をして顔を合わせたのは、次の十二人だったことがわかってくる。

まず男優組は、掬月《きくげつ》晴臣（早稲田大政治経済科在学）、林和（江見水蔭《すいいん》門下、後に文芸座主事）、九里四郎（東京美術学校在学、洋画家）三村豊治、志田徳三（京都府立一中卒）、吉本俊一、柳下富司（後に本所相生警察巡査部長）、伊藤理基（早稲田大英文科在学、後に萬朝報記者）、佐々木百千萬億《つもる》（早稲田大英文科在学、後の佐々木積、夏川静江の父）、太田盛男（海城中学卒）の十人。

一方の女優陣は、小林正子（後の松井須磨子、当時前沢誠助妻）と五十嵐よしの（日本女子大学英文科在学）の二人だけであった。

これに幾日ならずして、三田千枝子（華族女学校卒、芸名上山浦路）、日高清一（早稲田大英文科在学）、武田正憲（暁星中学四年修了、後に新日本劇新派俳優幹部）、林長三（京都商業学校卒）らが加わったとされる。

また他の資料をあたっていくと、劇作家の川村花菱が書いた『随筆・松井須磨子』（青蛙房、一九六八年）には、松井須磨子や五十嵐よしのの学籍簿が載っている。よく目を凝らすと、彼女の原籍は「福島県福島市新町××番地、五十嵐××長女、明治二十二年十二月生まれ、日本女子大英文予科卒業」と書かれているのではないか。そうか！　彼女は一八八九（明治二十二年）福島市の生まれだったのだ。

そうするとあらかたわかってくる。五十嵐よしのという女性は明治二十二年の生まれ。若くして福島から上京し日本女子大学英文科在学中に文芸協会に入所した。明治四十二年というのは彼女が十九歳から二十歳の頃だ。ずいぶんと若い。

このほか伊藤理基の同書には、明治四十二年九月に撮影されたものだという文芸協会演劇研究所開所記念の写真までが添えられており、着物姿の五十嵐よしのも写っている。その写真には次のような説明がついている。

【写真は明治四十二年九月、演劇研究所開設の際の記念撮影。――前列右より二人目高田早大学長、坪内会長、藤間嘉舞八師匠、後年の林千歳、五十嵐芳野、松井須磨子、上山浦路。二列目右より河竹繁俊、七人目日本書の著者伊藤理基、後列三人目島村抱月、八人目上山草人、武田正憲、金子筑水、東儀鉄笛の順】

伊藤理基著『その道を辿る』に掲載された明治42年、文芸協会演劇研究所の開所記念写真。女優陣に五十嵐芳野、松井須磨子、林千歳が納まっている。
（国立国会図書館蔵）

いずれにせよ明治四十二年、文芸協会演劇研究所をめざした人々は、伊藤理基が早稲田大学生の最終年次であったように、当時二十二、三歳の若き青年男女がその中心であった。五十嵐よしの＝木村よしのという人物も、日本女子大学の学生から同研究所に志願してきた、まだ二十歳あたりのうら若き女性であったことが、これらの資料によって初めて判明してくるのである。

その後、五十嵐よしのはどうしたのか？

伊藤理基の『その道を辿る』をあちこち読み進んでいくと、おおよそ次のように書かれてある。

「（女優志願の一人であった）林千歳が大阪から東京へ出て、女子大学（筆者注：日本女子大）の国文科へ入った頃には、学校でも名を謳われる程のいわゆる新しい女の一人となり澄ましていた。同窓に五十嵐芳野というこれもその頃の新しい女が居て、ちょうどそのころ男女優を募集した文芸協会に五十嵐が籍を置いていたのに共鳴して、千歳は女子大学を一年で罷めて女優を志した」

「中でも千歳は最も派手でハイカラで、世帯染みた見すぼらしい装《なり》の須磨子なんどは気の毒なほどであった。……逸早く千歳の愛を抱擁したのは男生の一人、後の文芸座主事の林和氏であった。（しかし二人のロマンスが『研究所の掟に背いた』と責めを受けると）かかる場合にも千歳は、『私は刹那の真実に生きたいから』とて逆に気焔を揚げて、（退座して）一旦大阪に帰ってしまった」

「（家運が絡んで恋から呪いに）ちょうどその頃、秋元千代子は家庭の事情で罷めていたし、千歳を劇に誘った五十嵐芳野は卒業を待たずに退座したし、今また（上山）浦路が去ったとなれば、文芸協会には女優として松井須磨子一人しか居ないことになった」

これは伊藤理基が大正日日新聞に書いた文芸協会の「惜春物語」という一文である。五十嵐よしのと前後して入った林千歳という女優の動向を中心に描かれているのだが、この中で五十嵐よしのは「卒業を待たずに退座した」というのである。

当時の文芸協会は二年制で、たしかに明治四十四年四月の卒業生名簿には彼女の名前は見当たらない。翌々年の名簿にも。

前年の明治四十三年七月十日に行われた第三回試演会の記録では、五十嵐よしのが土肥《どひ》春曙《しゅんしょ》翻案の「鏑木《かぶらぎ》秀子」（ヘッダ・ガブラー）を演じて高得点を得た——と書かれてあるので、五十嵐よしのが文芸協会に席を置いたのは明治四十二年から四十三年後半にかけてで、一年半〜二年足らずの間だったのではないかと思われるのである。

言われてみれば、さきほど紹介した五十嵐よしのの学籍簿は、たしかに明治四十三年の後半で授業料の納入印が途絶えてしまっている。

そうだとすると、五十嵐よしのはなぜ文芸協会を退団してしまったのだろうか？　その後、彼女はどうしたのだろうか？　ひょっとしたら彼女の身辺に抜き差しならない重大な変化が差し迫っていたのではないか、と私は思うのである。

ところで五十嵐よしの＝木村よしのは、その文芸協会演劇研究所時代にまつわる面白い手記を残している。大正三年に雑誌『中央公論』に発表した「女優生活の追懐」と題した一文。筆者の名前を某女優とし、明かしていないが、その内容から書いたのは明らかに五十嵐よしの＝木村よしのだと、関係者のあいだでは公然の事実にされている。

とてもリアルなので、その手記の一部をここに明らかにしておきたい。

女優生活の追懐　某女優

旧文芸協会は、私の生涯にとって決して決して忘れる事の出来ないところでございます。大隈さんが会長であった最初の協会が、本郷座で「ハムレット」や「入鹿浦島」などで旗上げをした当時は、私はまだ女学校の二三年でせいぜい運動会の仮装行列か記念祝賀会の余興ぐらいをやって満足していた時代で、新しい芝居の事などはてんで頭にございませんでした。

その後女学校も卒業し進んで女子大学の英文科に入るようになってから、私の頭も大分混雑して参ったのです。私が英文科の予科に入学した当時、すぐ眼の下の早稲田大学では自然主義が全盛でして、若い同士が寄るとさわると自己拡張だの女子解放だのという言葉が盛んに持て囃されました。好奇心の燃え立っている当時のことですから、私ももう訳なくそれ等の熱に浮かされてしまったのでしょう。

それに私の遠縁の者で二人までも早稲田の文科にいましたものですから、私はこれらの人々から種々様々な思想の導火線を与えられましたろうし、また坪内先生や島村先生の講義ぶりなども話して聞かされました。当時、私はまだ見も聞きもせぬ坪内先生のシェークスピアや島村先生のイプセン研究などにどんなに熱心な憧憬と尊敬とを持っていたでしょう。何時とはなしに私の心は、両先生を愛慕するようになっていたのでした。

何とかして先生方に面会がしたいなどと思って、学校の空き時間などにはそっと学校を抜け出してむなつき坂から駒塚橋を渡り、早大の正門近くへ行った事もありましたが、いつも角帽を冠った学生方がうようよ往き来していますので、先生方がいつもお通りになるという馬場下から喜久井町の辺までは一度も行かずにしまいました。

それからまた、前に申しました文科生が坪内先生の御令息士行《しこう》さんと同窓の間柄でしたので、時折先生のお宅へ伺ってお嬢様たちの踊りのお稽古などを拝見して来ては、それを私に詳しく話してくれましたので、私の心は益々先生を慕うようになるばかりでした。いっそ先生のお弟子になりたい、それが出来なくば女書生でも下女でもいい、何でもいいから先生と同じ屋根の下に呼吸して先生のお歩きになる足跡について行くのが、私にとって最も生き甲斐のある生涯のように思われたのです。

どうしたら先生に近寄る機会を得られるだろう……とそんな事にばかり頭を悩まして日を暮らしていました。

・・・・

私のいました暁星寮（筆者注：日本女子大学の学寮）は、西洋人の監督でおおかた英文科、国文科の生徒ばかりでした。イプセンやショーを売薬か化粧品の名と間違えるような珍談もございませんでした。当時、国文科の一年の河野さん（現在、舞台協会の林千歳さん）は私の隣のお部屋にいらっしゃいました。大して仲好しというのでもございませんでしたが、一番よく私がお喋りをしたのはこの千歳さんとでした。

二人はよく文学の話をいたしました。その頃ようやく世間で騒ぎ出した女優問題なんかにも、二人は非常な興味と好奇心とを持っていました。そうなると前にも申したような訳で、規則的な学校の勉強などよりは自由勝手な熱を吹き合ってる方が面白くなって、閑な隙かな校舎の裏の草叢や寮舎の空き部屋などでコソコソ話し合っているところを、□□《(不明)》ラスなお学姉様《あねさま》たちの白眼で駭かされたこともございました。

千歳さんは当時、「ベルが鳴って入り、ベルが鳴って出るような生活には飽きが来た」——つまりベルのいらない自由な生活がしたいというような事をしきりと言っていらっしゃいました。そんなこんなで私たちはもう生易しいことでは満足が出来ない、第一興味がない、何かもっともっと新しい意義のあるものを要求していたのです。

その矢先、ある月の「早稲田文学」に文芸協会の再興と男女優募集のことが簡単に出ていたのです。それを真っ先に見つけたのは千歳さんでした。私は一も二もなく「私行く、学校なんか今からでも止す」と即座に決心してしまったのを今でも忘れません。しかし千歳さんは、一先ず帰国してよく親たちとも相談して来るとおっしゃいました。私はその翌日、履歴書を書いて出すと同時に、病気を口実に寮舎を出て南品川の保証人の家へ一先ず帰りました……。

いよいよ明治四十二年五月の某日という、私にとっては一生記念すべき日が参りました。その日私は、早稲田大学で男女優の入学試験を挙行するという通知のハガキを懐にして家を出ました。出掛けに日頃たえて手にしたことのないお白粉を念入りにつけて出ましたものですから、電車の中でも妙に人に見られるような気がしまして、江戸川の終点で降りるまで顔をさすり通しに擦っていました。電車を降りてから一歩一歩大学に近づくにつけ、私の心は妙にざわつき始めました。試験に対する不安、日頃敬慕する先生方にいよいよ会われると思う嬉しい心配などで、私は火事場のような混雑した慌しい気分に襲われました。そうかと思うとまた境遇の変化などという事も思われまして、葬式の通った後に春雨の降るような淡い悲しみがこみ上げて来たりなど致しました。

とにかく言うに言われぬ妙な心持ちで大学の受付まで参りました。そこで教えられた通り職員方の控室の方へ行こうとすると、焦茶色の洋服を着た眼玉のギロギロ光るお方が出ていらっしゃいまして「試験を受けに来たのですか」とお尋ねになった。そして私を控室めいた所へ案内して下さいまして「今先生方がお出でになりますから少し待っていて下さい」とおっしゃって出ていらっしゃいました。このお方が東儀先生だという事はすぐ後でわかりました。控室の壁には、雑誌の口絵などで見覚えのある先生方の写真などが掛けてありました。程なく次の教員室と書いてある室に大勢の人の気配がしたと思うと、先の東儀さんがお出でになって私を教員室へ案内して下さいました。そこには坪内先生はじめ、金子先生、島村先生そのほかたくさんのお方が居並んでいらっしゃいました。坪内先生は優しい親しみの深いお顔をニコニコあそばしながら「ずっと寄って、その椅子にお掛けなさい」とおっしゃいました。私は胸をドキドキさせながら小さくなって腰を掛けました。先生は私の履歴書をごらんになりながら、私の心の騒ぎなど少しもご存じないもののように、色々なことをお聞きになりました。新旧いずれの芝居が好きか、どんな芝居が理想か、なぜ女優なんかになるのか、両親も同意かとか、私はただ「はい」とか「いいえ」とか、さながら人中に出たことのない少女のようにおどおどした答えをするばかりでした。最後に先生は、今まで見た芝居の中で覚えているのがあるかという意味の事をお尋ねになりました。私は幡随院《ばんずいいん》の長兵衛を覚えていますと申上げました。

ところが、そんなら長兵衛の声色を大きな声でやって下さい、出来るだけ大きな声でとおっしゃいました。私は吃驚して、ただもじもじと長い間先生をお待たせ申しただけでした。先生は重ねて故団十郎張りでも八百蔵でも、ないし吉右衛門でも誰でもよろしい。それともあなた自身の工夫があればなお結構とおっしゃって、しばらくお待ちになりましたが、きまり悪そうな私の様子をごらんになりまして、今度は桐一葉の中のあるページをお開きになりこれを読んで下さいとおっしゃいました。

私はどうしても遁られないものと観念しまして、読み損ないのないように一度黙読をしてから声を出して読みました。それは片桐且元の奥方の科白で――鈴の綱のきれて落ちしは凶事《まがごと》の知らせと、胸のみそぞろに打騒がれ――というところでした。

それが済むと次の室へ案内されまして、そこで島村先生からちょっとした会話《ダイアログ》の試験を受けました。これが済むと東儀先生がまた次の室へ案内されまして、五、六枚の原稿紙をお渡しになり「これへ吾が理想の演劇という題で書いて下さい」とおっしゃって出ていらっしゃいました。やっと一人になってホッとすると、次の室から会話《ダイアログ》を読む声、なおその向こうの室からは故団十郎張りの片桐且元や音羽屋張りの家康の声色などが大きな声で漏れてきました。硝子扉越しにすかして見ますと、書生風の男の方が二、三人ずつ先生方の前へ呼び出されて試験を受けていらっしゃるのです。そんな事に気をとられまして、肝心の自分の原稿紙には一句も答案が出来ませんでした。

そのうちに東儀先生が二度までも催促にいらっしゃいましたので、私もいよいよ気を落ち着けて――私の理想の演劇はまだ日本にはためされていない。どんなものか自分にも解らないが早晩出来てこなければならないもので、それは在来の新旧俳優のような頭のない品性の低い者からでなく、相当の人格と学識を備えた人によって実現されなければならない――というような事を書いて出しました。それでも私は実際その時はどこへ出しても恥ずかしくない立派なことを書いたようなつもりで、内心すこぶる得意だったのです。

こんなことで試験は済みましたが、その夜は安らかな眠りを得られずにしまいました。翌朝は早くから起きて女子大学に千歳さんをお訪ねして、試験の模様を詳しくお話ししました。二人で護国寺の裏の雑木林を歩きながらこの話をしました時には、私は何だか急に自分をどえらいものにしていました。とにかく有名の大学で大勢の男子の中に唯一人の女性が同じ試験を受けたという事はなどと、もう大した得意。聞いていらっしゃった千歳さんも、あの大きな眼をなお大きくして一大椿事でもお聞きになるようなお顔をなさいました。


試験を受けてから五日目に東儀先生から「試験は通過した。ついては話したい事があるから来てくれ」という意味の端書が参りました。当時文芸協会の事務所は戸塚の東儀先生のお宅にございましたので、私はさっそく先生のお宅へ伺いました。通された八畳のお座敷には床の間に大きな琵琶と琴が立掛けてございました。崖を切崩したようなお庭には、小さなお嬢さんとお坊ちゃんが遊んでいらっしゃいました。先生のお話というのはつまり坪内先生のお伝言《ことづけ》なので、両親のことや一家の事情や一身上のことにまで随分御懇切な御注意がありました。

協会の修業は必ず続けてやれるか。もし万一親の不同意や物質方面に不安な点があれば、この際思い切った方が身のためであるとおっしゃいました。私は断じてそういう心配はございませんと幾度も念を押してお答えいたしました。その実、私はまだ国元へも学校の方へも女優志願のことについては一言も相談してはいませんのでした。無論事後承諾を予期していましたのでしたが、先生に急所を質されました時は実際不安な思いが新たに胸を騒がせました。

その後私は授業が始まるまで、国元へ手紙を出すやら学校の方の始末をつけるやらでまことに忙しく、時の経つのを忘れておりました。学校の方では、私が文芸協会へ入ったという噂をお聞きになりまして、傾向係や風紀係のお方は急に会をお開きになるやら、同級生《クラスメート》の御相談が始まるやら、それは大層なお騒ぎをあそばしたそうでございます。私は後で同級のあるお友達からそのお話を聞きまして、まことにお気の毒でなりませんでした。また私の母校でございますが、耶蘇旧教のある女学校（傍点は筆者）のマダムさんからその教生を二人もお寄越しになりまして「どんな職業に就こうともそれはすべて貴女の自由である。ただどんな事があっても主《しゅ》の教えだけは必ず捨てるな」という意味の誡めをお伝えになりました。そして聖人伝と殉教者の伝記とを一冊に輯めたものを贈って下さいました。私はあれやこれやを思いあわせ、無量の感に打たれたのでございました。

いよいよお稽古の第一日がまいりました。その日は先生方と入学を許された生徒だけが集まって簡単な式を挙げるということでしたので、私はちょっとした着物に着換えまして牛込余丁町の仮稽古場へ参りました。入学生の中で婦人はまだ私一人きりでしたが、その中に長谷川時雨さんも御入学になるというお話しがございました。時雨さんは当時たしか御病気で転地療養をしていらっしゃったように覚えております。仮稽古場は坪内先生のお宅から半町ほどの所にある普通の借家で、六畳二間に四畳半と三畳が一間ずつございました。そして六畳二間を通してこれがお稽古場、四畳半が先生方の控室、三畳が小使部屋という割当てでございました。

私がお稽古場へ着いた時は外はもう薄暗くって、お稽古場の家の内からは煌々《あかあか》とした電灯の光や賑やかな男の話し声などが漏れて参りました。中へ入りますと、その時分東儀先生のお宅にいらっしゃった田中さんというお方が協会の庶務のお係りで、この方から私は皆さんに紹介していただきました。男の方はみんな楽しそうに話し合っていらっしゃいました。私はたった一人ぽっちの女で話し相手もなく、手持ち無沙汰にぽつねんとしていました。するとそのうちに田中さんが、真丸い可愛らしい顔をした一人の女の方を案内していらっしゃいまして「この方も今度おは

松井須磨子（国立国会図書館「近代日本人の肖像」より）

いりになった方で小林政子さんとおっしゃるのです」と私にひきあわせて下さいました。この方は、今は芸術座の女王で松井須磨子さんとおっしゃいます。須磨子さんはその晩束髪に結って、細かい縞の糸織の着物に紺の紋羽二重の羽織を召していらっしゃいました。

両人は普通の女のいうような初対面の挨拶をしたばかりでした。そのうちに式が始まりました。まず坪内先生、それから島村先生、金子先生、土肥先生、東儀先生という順におすわりになった。男生の中にはハムレット公演後事情あって協会を出られた林和さん、かつて新劇社におられた武田正憲さん、舞台協会の佐々木精さんなどのお顔も見えました。やがて坪内先生は静にテーブルの前へお起ちになりまして文芸協会再興の次第をお話しになりました。この時の先生のお話しは、たしか明治四十四年頃の早稲田文学に『演劇刷新の必要及び方法』という題で詳しく掲載されたように存じております。私は、先生のあの人をひきつけるような懐しいお声と温情のあふれるようなお顔とに、この時始めてしみじみと感じたのでした。（以下、省略）

彼女の身辺にいったい何が？

さきほど書いた通り、女優をめざしていた五十嵐よしのはなぜ文芸協会を退団してしまったのだろうか？　その後、彼女はどうしたのだろうか？　ひょっとしたら彼女の身辺に抜き差しならない重大な変化が差し迫っていたのではないか、と私は思うのである。

気になるのは、彼女が実家に無断で日本女子大を中退し、文芸協会に入所したらしいのだ。それは中央公論に発表した手記の中で、五十嵐よしのが「私はまだ国元へも学校の方へも女優志願のことについては一言も相談してはいませんのでした……その後私は授業が始まるまで国元へ手紙を出すやら学校の方の始末をつけるやらでまことに忙しく、時の経つのを忘れておりました」と書いているのでわかる。はたまた女優をめぐる明治期の社会風潮について「千歳さんの御両親にせよ、私の両親にせよ、いずれも昔の道徳思想に凝り固まった人でございます。芝居などは河原乞食のする業であるようにも聞いていたでございましょう。その親たちに自分等の希望を承諾していただくというに就きましては、人さまにお話し申すことも出来ない苦しい思いが数々ございました」と書く。

国元の両親とのあつれきと衝突。

これらが背景となって、私の勝手な推測を許してもらえばあるいは娘の五十嵐よしのを国元へ呼び戻す。やがて結婚……そんな事態につながっていったのではないかと考えたりもする。当時、文芸協会の中では「女生の中でも須磨子さんや浦路さんとは違って、私ばかりはその当時独身者《ひとりみ》でそのうえ齢も一番下でございましたから」とも手記にある。

また松本克平著『日本新劇史・新劇貧乏物語』（昭和四十一年、筑摩書房）によれば、文芸協会で明治四十二年から四十三年にかけて相次いで退所者が出てくる。いずれも研究生の風紀問題から発展した。当の五十嵐よしのについても、「ある時、加藤精一の家で松井須磨子、五十嵐芳野、上山草人が酒を飲んだのがバレて逍遥にきついお叱りを受けた。いくらお詫びしても勘弁して貰えなかった。『今後の行動を見た上で許す』というのが逍遥のやり方だった」という記載があり、あるいはこれが彼女の退団をめぐる理由だったかもしれない。

こんな風だから、五十嵐よしのが明治四十三年なぜ文芸協会演劇研究所を離れたのか、彼女はその後どのように身を振ったのかについて詳細にふれた資料は、現在のところ見つかっていない。そしてそれから半年も経たない、明治四十四年五月になって福島県紙のひとつであった福島民友新聞に「木村よしの」と名乗る女性記者が現われてくる。

ところで私がひょっとしたら彼女の身辺に抜き差しならない重大な変化が差し迫っていたのではないか、と考えるのはもうひとつの理由がある。


思い出していただきたいのだが、木村よしのが明治四十四年七月二日に書いた連載「女傑福田英子様のこと」と題した一編である。女史は記者が在京中、直接に又た間接に少なからず種々な印象を与えられた恩人の一人でござりますので……と書かれたあの一編のことである。

この記事でいったい、木村よしのはいつ頃東京・角筈《つのはず》にあった女性解放運動家の福田英子女史の屋敷をひんぱんに訪れていたのだろうか、という謎である。この記事の中で「彼の幸徳一派が東京監獄に囚われている当時、女史の屋敷付近にはたえず角袖の刑事巡査が密行しておりました」という一文が、その鍵を握るのではと調べてみると……。

それはいつのことだったのか。吉川弘文館人物叢書『幸徳秋水』(日本歴史学会編、西尾陽太郎著、昭和三十四年刊)によると、幸徳秋水は明治三十八年二月から七月まで新聞紙条例違反(週刊『直言』に石川三四郎の「小学教師に告ぐ」を掲載したため)で入獄した。さらに明治四十三年六月大逆事件で検挙され、翌四十四年一月十八日死刑宣告、同二十四日に死刑執行されている。

木村よしのが**「彼の幸徳一派が東京監獄に囚われている当時」**と書いたのは、そう古いことではなく、明らかに大逆事件で幸徳秋水らが検挙された明治四十三年から四十四年にかけてではないかと、思われる。何故なら明治三十八年の入獄は、幸徳秋水ら二人の入獄で場所は「秋水は裁判所から馬車で巣鴨《すがも》へ送られた」（人物叢書『幸徳秋水』より引用）とされる。

一方、明治四十三年の大逆事件は幸徳秋水、管野スガ、森近運平、宮下太吉ら二十六名が集団で検挙された事件。「秋水等は覆《おお》いのついた護送馬車で二回に分けて、東京監獄から法廷に運ばれて来た」「死刑執行のあと死体はいかめしい警戒の中で、市ヶ谷監獄の不浄門からギシギシと音を立てて担ぎ出された」（同書より引用）とあり、市ヶ谷の東京監獄に囚われていたことが解るからだ。

このように読んでいくと、木村よしのが角筈の福田英子宅をしばしば訪問していたのは明治四十三年前後とみるのが妥当と思われる。つまり彼女が文芸協会演劇研究所を退所する頃と重なるのではないか。

この頃、福田英子が創刊した雑誌『世界婦人』は度々の発売停止を受け、編集兼発行人の石川三四郎が入獄するなど、官憲の弾圧が厳しかった。また平民社グループと親交が深かったため、福田英子に対する官憲の監視も強まっていたようだ。

「当時、言論活動も組織活動も、つぎつぎと手ひどい弾圧を受け、社会主義者にはそれぞれ尾行がつき、運動は窒息状態におかれていた」「この事件（大逆事件）をめぐって、英子が何を考え、何をしたかを伝える史料はほとんどない。それは、このことについて書くことが、どんなに危険であったかを物語っているといえる」などと、村田静子著『福田英子〜婦人解放運動の先駆者〜』は当時の状況を記している。

そうだとすると、角筈の福田英子女史の屋敷をひんぱんに訪れていた彼女にとっても、身の危険が差し迫っていたのではないか。あるいは彼女が東京を離れる理由のひとつだったようにも思われるのだが、どうだろうか。

第十章　結婚相談所にいた木村よしの

さてもう一方の、東京都結婚相談所にいたという「木村よしの」にまつわる話である。国立国会図書館が公開を始めた先の近代デジタルライブラリーを検索すると、木村よしのの名前で次の二点の資料がヒットした。

その資料というのは、いずれも昭和三十年代のものだ。

①昭和三十八年刊『幸福な結婚のために・縁結び三十年の体験から結婚の良識を語る』（田中孝子、木村よしの共著・野田経済社）
②昭和三十一年刊行の雑誌『婦人生活』三月号（婦人生活社）

最初の昭和三十八年刊『幸福な結婚のために』という本は、結婚相談所の所長であった田中孝子女史と主任相談員であった木村よしのの共著になっている。彼女はこんな形で本まで出していたのだ。冒頭のはしがきで出版の意図などについて次のように書いている。

〈東京都がまだ市と言っていた昭和八年の春、市民の幸福をはかって結婚相談所という新しい事業を開設しました。その前から媒介所という職業的なものは市内に沢山ありましたが、公立のものは始めてでした。

「お役所が仲人をする」という諸新聞の報道につれて、多くの市民は好奇の眼をもって噂する一方、「面白い」という人や、娘の縁談に悩んでいる親達が「何という有難いことだろう、安心してお願いできる」と年頃の娘や息子を引きつれて、われもわれもと申込に来られ、職員はてんてこ舞いをしたものです。その時から丁度三十年を経ました。

たくましく成長発展した日本経済を背景として、世界の一流国にのし上がった日本、わたくしたちの毎日の生活にも、かなりのゆとりが見られるようになって来ました。また民主主義の個人生活への浸透は、男も女も平等の立場で、自己を発言する機会も多くなって来ています。……三十六年秋、私が東京都立結婚相談所の所長を辞めましたので、この三十年間のケースから「結婚のあり方」について、また昭和十四年以来、家庭裁判所の調停委員にも任ぜられた経験も合わせ、若い人達に接しているながい間に感じとった「結婚観」などを書いてみました。

久しい間、私の片腕となって来られた木村よしのさんを誘って、共著としました。わたしのみてきた長い人生が、すこしでもお役に立てば望外の喜びです。

昭和三十八年春　田中孝子〉

この結婚相談所については、本文のなかでも「昭和七年世界的不況の影響は、日本の結婚問題にも及び、いかがわしい媒介所が輩出したため、東京市（当時）では健全な結婚の指導を公共の機関で行なう必要を感じ、世界で最初の東京市結婚相談所がはじめられました」と創設の背景について触れている。

開設された場所は当初、麹町区丸ノ内三丁目、程なく日本橋区南茅場町。以来、戦災で一時中断したのを除いて、戦後も昭和二十一年から銀座や新宿、渋谷など各地で相談事業を実施してきた。この本が書かれた昭和三十八年の時点では、渋谷区千駄谷のほか新宿区、中央区、大田区、葛飾区、墨田区の各生活館に都立の結婚相談室が置かれ、それぞれ何人かの相談員を配置していたようだ。

本書によれば、木村よしのは久しい間、所長だった田中孝子の「片腕」として東京都結婚相談所で一緒に働いてきたことを示している。ひょっとしたら、この本の著者紹介欄に木村よしのの詳しい略歴が載っているのではないかと期待したのだが、残念ながらその記載は見られなかった。

しかし、共著者である田中孝子という女性の経歴を調べていくと、木村よしのと田中孝子の二人が不思議な〝運命の糸〟で結ばれていたことがわかる。

その田中孝子女史の来歴を記す。

■田中孝子：一八八六～一九六六（明治一九～昭和四一）。女性運動家。千葉県野田市生まれ、旧姓高梨。渋沢栄一は叔父。日本女子大英文科に在学中の一九〇九（明治四二）年、渋沢栄一を団長とした経済使節団に同行して渡米。そのままスタンフォード大学、シカゴ大学に学んだ。一八（大正七）年帰国後、日本女子大教授。一九年哲学者田中王堂と結婚。同年ワシントンで開催の第一回国際労働会議に政府代表の婦人顧問として出席し、日本の女工の悲惨な深夜労働について演説する（渡米前、市川房枝が中心で開いた友愛会婦人労働者大会で演説）。二〇年新婦人協会の評議員。田中王堂と死別後、三三年から東京市結婚相談所長となり、戦後の六二年まで在任した。

（出典：二〇〇一年『日本女子大学事典』など）

この略歴を見れば、誰もが「おやおや」と思うことだろう。つまり、田中孝子女史も木村よしのと同じ日本女子大学英文科の同窓生だった。するとそのことが後に東京都結婚相談所で二人を結びつけることになったのではないか。いや、それ以上に二人が女性運動などで深く結ばれた「同志」だったとさえ、思われる節がないでもない。

両人の生年を比較すれば、五十嵐芳野＝木村よしのは明治二十二年の生まれ。田中孝子は十九年生まれで三歳の違いである。二人は互いに日本女子大英文科に学び、先輩・後輩にあたる関係だ。明治四十二年、五十嵐芳野は日本女子大を中退し文芸協会に入った。その同じ年、一方の田中孝子は叔父の渋沢栄一を団長とする経済使節団に同行してアメリカに渡ったことになる。帰国するのは大正七年のことだ。

それらの時代からの絆が縁で、おそらく昭和八年に東京市結婚相談所が開設されるにあたり、田中孝子から誘いがあって木村よしのも行動を共にしたのではないだろうか。文中に「久しい間、私の片腕となって来られた木村よしのさん」と田中孝子が書いたのは、彼女のそういった深い思いが込められているのではないかと思うのである。

この一文に関連して、昭和二十三年～二十四年に発行された日本婦人新聞社の『婦人年鑑』という資料には、おそらく数千人を収載したと思われる人名録の中に田中孝子、木村よしのの名前が見えた。

【田中孝子】東京都結婚相談所長、元日本女子大学教授。千葉県出身、明治一九年生まれ。東京都練馬区東大泉町×××。

【木村よしの】東京都結婚相談所主任。明治二二年福島県生まれ。東京都練馬区東大泉×××。

（出典：一九九九年『日本人物情報体系』皓星社）

これを見れば、木村よしのは「明治二十二年福島県生まれ」とあり、文芸協会演劇研究所時代の学籍簿とぴたり一致する。また不思議なことに、彼女と田中孝子は同じ練馬区の東大泉に住む。番地も互いに近いのではないか。田中孝子は戦前の昭和十三年杉並区久我山に住んだ記録もあり、夫の王堂が死去後に親しかった木村よしのの近くに転居したのでは。そんな推測も成立する。

一方、この『幸福な結婚のために』と題した本の中には、田中孝子や木村よしのも出席した座談会「新しい結婚のあり方」が十数ページにわたって収録されている。どんなことを話していたのか、二人の発言の主要な部分をここに記しておきたい。

司会　生活の安定がなくては、結婚のモラルもあり得ないというわけですか。田中（孝）先生いかがでしょう。

田中　仰言《おっしゃ》ることは、一応ごもっともですが、生活が安定してから初めて結婚のモラルが決められるのではなくて、それと併行して結婚のモラルも、生活の規準として考えるべきでしょう。結婚は人生の重大事ですが、時代が変って昔のモラルが当てはまらなくなり、現在これにとって替るべき新時代のモラルの標準が立っていないのです。そこにこれから結婚しようという方々が、新しい夫婦のあり方というものを考えていただく必要があると思うんです。

木村　これから打ち立てて行こうという新時代のモラルは、社会の乱れが一応安定するのを待ってから立てるのじゃなくて、政治、経済、教育、生活設計などと一緒に、一般社会の働きとともに進んで行くべきだと思います。むしろそうした原動力の根源を結婚相談所あたりから、おし進められてもいいんじゃないでしょうか。

木村　農村の話が出ましたので、私も二年ほど前、生まれ故郷の会津へ墓詣りに行って来ました。農村も随分変りましたが、まだまだ旧態依然たるものもないではありません。ちょうど村祭りがありましたので、私の従弟の嫁入っている娘達が、子供を連れてよばれて来ました。（傍線は筆者）そして、このお嫁さん達は都会の嫁と姑の問題をきかれました。自分達の立場も正直に話して聞かせてくれました。農村の年寄りは今でも封建的で、因襲的であり、子供のある息子や嫁の監視をおこたらないという。よなべまですませて漸く寝床に這入った嫁が、そっと電気をつけて、その日の新聞古雑誌でも読もうとすると、すぐ見回ってくる。まだ電気がついてるから見に来た。早く寝なさい。よく寝ることも働きのうちだ。明日の仕事に差支える。新聞雑誌読んだって米は一粒も出来やしないと言って叱られる。結局、農村の嫁さんは、農具そのもので生きた人格ではないようです。ですから体が丈夫で、よく働く嫁さんを、優秀な耕作機械でも買い当てたように喜んで、俺のとこの嫁は貰い当てたと自慢する。また村人もあそこの嫁はよく働くといって羨望するんですから、農家の嫁さんは、農具なみにしか扱われていないということになります。

木村　この節は勉強しない青年ばかりで困る、内容がなく薄っぺらで、要領がよく口先きばかりとか、とかく若い人達に風当たりが強いようですが、なにしろ原爆の灰は降る（筆者注：一九五四年米国がビキニ環礁で実施した水爆実験、第五福竜丸事件か）再軍備が近づくといった希望のない世の中に生きているので、どうせさきが保証されない命なら、太く短くという刹那《せつな》的な方向に走ってしまうのではないでしょうか。こういう世相の中でも結婚だけは一番希望がもてるんではないですか。これだけでも充分慎重に考えて、失敗のないようにして頂きたいと思います。

田中　理想だから実現出来ない、夢のようなものと言ってしまえばそれまでです。若い方は理想に近づくよう努力して行くだけの、逞《たくま》しさを持ってほしいのです。皆さんのよいお話しをうかがっていたのですが、来客がありますのであとは木村先生にお願いします。

この一文でも強い衝撃を受けた。

座談会の中で、木村よしのが自分の故郷をはっきりと語っている。「農村の話が出ましたので、私も二年ほど前、生まれ故郷の会津へ墓詣りに行って来ました」というくだりだ。あの文芸協会にいた五十嵐芳野＝木村よしのが、生まれ故郷は福島県の会津だ、と明言しているのである。思い出してほしいのだが、彼女が明治四十二年に文芸協会に入所した際の学籍簿には、「原籍・福島県福島市新町××番地、五十嵐××長女、五十嵐よしの、明治二十二年十二月生まれ、日本女子大学校英文予科卒業」となっていたはずである。

今度の一文と引き合わせて読むと、五十嵐芳野＝木村よしのは、明治二十二年に福島県会津で生まれたのだが、その後父親の関係か何かの事情で福島県福島市に転居したのではないか。そこで学齢期まで育ったとも考えられる。少なくとも明治四十二年の時点では福島市に原籍を置いてことがわかる。おぼろげながら、彼女の生い立ちやその後といったものが少しずつリアルになってくるではないか。

結婚相談所にいた木村よしのに関するもうひとつの資料というのは、昭和三十一年（一九五六）に刊行された雑誌『婦人生活』三月号（婦人生活社）である。

国立国会図書館の送信サービスによりネット検索でデータを得たのだが、表紙には当時の著名な女優であろうか、両頬にそっと手を添えた大きな表情のプロマイド写真（イラスト画かも知れない）が飾っている。値下げ断行！　大奉仕号、別冊二大付録①春の編物スタイル集②結婚・出産・赤ちゃんの医典、などとあり、さぞかし人気の婦人雑誌であったろう。

その本誌百五十五ページに「相談所がお仲人さん！　結婚同窓生の座談会」と題した特集が八ページにわたって組まれており、東京都結婚相談所にいた木村よしのが参加しているのである。

特集記事のフロント面には、出席者一人ひとりの顔写真が九枚並んでいる。「おやおや、どれが木村よしのだったかな」と心臓を高鳴らせながら食い入るように見た。彼女の素顔に触れるのは、明治四十二年に坪内逍遥博士の文芸協会に入所した際の集合写真——それ以来二枚目、という貴重な写真である。どうやら下段の右から二人目の婦人（と言っても高齢の人物である）が当の木村よしののようだ。

昭和三十一年の雑誌だから、おそらく彼女が六十七歳当時の素顔であろう。かなりの年輪を刻んだ風貌である。顔は太ってはおらず、どちらかと言えばやせ型で面長のタイプ。やや窪んだ両の細い目がきりっと前を見据え、口元はしっかりと結んでいる。そして左右の頬骨が強く突き出たのが特徴のようだ。髪の毛はそう厚くなく、パーマでセットした髪がむしろ凜と引き締まった表情にもさせている。

文芸協会時代の写真は、五十嵐芳野＝木村よしのがまだ二十歳頃のものであるから、さすがに隔世の感が強い。それでも二枚の写真を見較べてみると、どうだろう。

座談会に掲載された木村よしの（下段中央）の素顔（雑誌『婦人生活』昭和 31 年 3 月号、国立国会図書館蔵）※ 一部加工

このほか結婚相談所時代の資料は、東京都が昭和六十年（一九八五）に出した『結婚相談所五十年のあゆみ』などいくつかあり、彼女が雑誌『婦人生活』などの記事に多数登場していることから、戦後は結婚問題のエキスパート、評論家として活躍し、後半生のライフワークとして取り組んでいたことが強くうかがわれる。

なお、東京都結婚相談所は時代の役割を終えたとして、平成八年（一九九六）に閉館し、六十二年の歴史に幕を閉じている。

第十一章　よしのと同時代の女性記者たち

　ところで私がなぜこれほどまでに「木村よしの」という女性記者の存在についてこだわるのか、それには訳がある。彼女は明治四十四年＝明治末期という一時期に福島という一地方で筆をとったに過ぎないが、彼女が執筆した代表作の「女から見た女」や「授産場訪問」などといった連載記事を見ても、当時の新聞界においてトップレベルの、抜きん出た力の持ち主の女性記者だったのではないか、という思いがあるからだ。

　なぜか、そのような人物が東北の片田舎、福島という小さな地方都市の草叢《むら》に埋もれて、ずっと顧みられることもなかったのか。――それも彼女自身の、深い理由があったような気がしてならないのである。

　いずれ彼女は、わが国の女性ジャーナリズム運動史に新しい一ページを加えられることになるだろう。そう願いたい。

　閑話休題。

　私はたまたま、この木村よしのについて調査を進める過程で、神奈川新聞社（本社・横浜市）が創業百二十年を記念して『四万号の遺伝史・神奈川新聞百二十年』という新書版の社史を刊行されたことを知った。

神奈川新聞は、明治二十三年（一八九〇）に創刊した横浜貿易新聞がその前身で、吉野作造《よしのさくぞう》、与謝野晶子《よさのあきこ》、大仏次郎《おさらぎじろう》ら文化人が自由な筆をふるってきたことで知られる。『四万号の遺伝史』は、同紙の明治から大正、昭和、平成まで四万号に及ぶ新聞報道の記録を通じて、近代日本と神奈川地域の歴史を綴った。平成二十二年（二〇一〇）二月に初版発行、上下二巻。

同書によれば、横浜貿易新聞から横浜貿易新報にかわる明治三十七年（一九〇四）から明治四十一年（一九〇八）までの四年余、伊藤せん子というたいへん注目すべき女性記者が活躍していた。

明治三十七年というのは日露戦争開戦の年。木村よしのが福島民友新聞に登場する七年前のことである。

「伊藤せん子」とはどのような記者だったのか――。同書によれば、日露開戦論と非戦論で世論が沸騰した明治三十六年十一月、同紙に萌黄《もえぎ》式部の筆名で「四十八軒花見長屋」の連載、そして海老茶《えびちゃ》式部の筆名による「海老茶式部日記」の記事が登場する。この二人の式部こそ女性記者の初見のようだとする。翌年二月の日露開戦。一面に女記者の名による「軍国の婦女」「婦人の使命」と題する二つの記事が当時の読者に驚きを与える。また無署名だが「征家の半面」という四十二回の長期連載が始まる。

女記者とは一体誰なのだろう。謎が高まる。五月一日、次の入社の辞によって彼女の覆面が外される。

入社の辞　せん子

世は男子《おとこ》のみの世に非《あら》ず。女子《おんな》は女子の身にふさわしき務めあり。家を守り子を養うはいうまでもなけれど、世の中騒がしき昨日今日血なまぐさき戦争《たたかい》の野辺に赤十字の標章《しるし》つけて立ち働くけなげの姉妹《はらから》さえおわすものを、我のみ独り竈《かまど》のもとにくすぶりてあるべきかはと、身は清少納言の才有るに非ず紫式部の筆有るにあらねど、僅かに取馴れし禿筆《ちびふで》に青葉の露の二つ三つ満たらせ、せめては我が姉妹の立ちはたらきたまう世界の半面をだに写し出《い》で世の人々に紹介せばやと、拡張の潮に引き込まれ此度《このたび》本社の席末を汚すにいたりぬ。女だてらに何の猪口才《ちょこざい》なと叱り玉わで、牛売りそこなわぬ愚女《おろかおんな》の艶《つや》なき筆をあわれとも見たまえかし。

（『四万号の遺伝史』上巻一〇四ページより引用）

私はなるほどと思う。

この「せん子」から七年後、明治四十四年福島民友新聞に登場した木村よしの記者の「入社の辞」と重ね合わせて、読んでいただきたい。どこか似通った雰囲気というものが、感じとれないか。また二人の式部↓女記者↓せん子、といった素性の明かし方、木村よしの婦人記者？？？↓婦人記者YSN↓よしの、という筆者の明かし方も注目していただきたい。

神奈川新聞社『四万号の遺伝史』は、さらに続けて「せん子」の仕事を次のように紹介している。

・樋口一葉ばりの流麗な文語体を操る。以来、連日のようにその名が登場する。手始めに女学校や孤児院の探訪記を載せた。『訪問』と題したインタビューも始めた。折柄、訪問先は鴨緑江で戦死した上等兵の遺族、都内の病院に搬送されて来た県内出身戦傷兵と続いた。
・時同じく、雑誌『明星』九月号に一編の詩が載った。『ああをとうとよ、君を泣く、君死にたまふことなかれ…』で始まる与謝野晶子の長詩は非戦の真情を大胆率直に歌い上げ、世間にセンセーションを引き起こした。
・記者せん子は、晶子のように時代の先端を走ってはいなかった。その考えは当時の多数派意見から出るものではなかった。しかし、せん子は戦争が庶民の暮らしにもたらす悲惨に目を背けなかった。庶民の視線から戦争の峻厳な現実を直視し、紙面を通じて社会に訴えた。

このなかで、まずせん子が「女学校」や「孤児院」の探訪記を書いていたことに注目したい。彼女から七年後、明治四十四年の福島民友新聞に登場した木村よしのも、最初に手掛けた仕事は「訪問・本県師範女子部」であり、「授産場訪問」ではなかったか。はたして偶然なのだろうか。私は後で述べるように、伊藤せん子――木村よしのを結ぶ時代の〝赤い糸〟のようなものが意識されてならないのである。

なお同書によると、せん子は同じ横浜貿易新聞にいた夫・伊藤落葉とともに明治四十一年満州にわたる。その後伊藤落葉は大正二年満州日日新聞の編集長、大正六年同編集主幹で名が見えるが、翌年にはその名が消える。せん子の消息も不明だという。この時代、木村よしのもそうなのだが、記者の素性や消息はようとして掴めないのが多かったのかもしれない。

同紙では彼女が去ってから八年後、大正五年（一九一六）から昭和十年（一九三五）まで、歌人与謝野晶子が約二十年の長きにわたり論壇に登場する。

与謝野晶子は、明治三十七年の雑誌『明星』に「君死にたまふことなかれ」を発表して旋風を巻き起こした。こんどの横浜貿易新報では、「返照金塵《へんしょうきんじん》」（＝折々の感想）と題する連載など、多数の評論を寄せる。「女性を叱咤しその自立を勧め、政治に物申し、自由教育を説いた。ときに穏健ならざる寄稿は昭和十年まで続いた」という（『四万号の遺伝史』上巻一一五ページ）。

筆者はなぜ、ここで横浜貿易新報の伊藤せん子を取り上げ、与謝野晶子の足跡を紹介するのか。それは、福島民友新聞で活躍した木村よしのと、神奈川新聞の伊藤せん子、歌人与謝野晶子の三人に、互いに相通じるような不思議なほどの同時代性が強く感じられたからである。その三人の大まかな足跡を並べると、次のようになる。

▽明治三十七年（一九〇四）横浜貿易新聞・伊藤せん子入社。
▽同年　与謝野晶子「君死にたまふことなかれ」を発表。
▽明治四十一年（一九〇八）横浜貿易新報・伊藤せん子が退社、満州へ渡る。
▽明治四十四年（一九一一）福島民友新聞・木村よしの入社、「女から見た女」などを連載。
▽大正五年（一九一六）与謝野晶子、横浜貿易新報に寄稿を始める。

この間、わずか十三年のことである。

ほぼ同じ時期に横浜貿易新報、福島民友新聞に登場した三人の女性。それぞれの筆跡（語録）を対比すると、なぜか共通の人間像が浮かびあがってくる。それは、時代の重圧のなかで新しい女性の時代を拓こうとする強い信念であるだろう。そしていまだ解き放されない時代の重圧のなかで身をもって示そうとした「人間の生き方」ではないだろうか。

与謝野晶子は際立った存在感を世に示したが、伊藤せん子、木村よしのも同じ時代の潮流のなかに生まれ、同じ女性の視線でおのれの主張を重ねようとした。私はそのように感じるのである。

ここでその三人の筆跡（語録）を拾う。

●最初に横浜貿易新聞、明治三十七年二月十七日伊藤せん子と見られる連載「征家の半面」。

「召集の令下るや我こそは日本帝国の軍人とさすがは男児の涙一滴をも見せず、病みたる父母を遺《のこ》し身重なる妻を見捨てて後は頼むと唯一言《ただひとこと》勢い勇ましく立ち出《いで》しが、昨日までも今日までも一家の柱と恃《たの》みたる稼ぎ人をにわかに失い、明日よりはいかにして一家数口を糊《こ》すべき。父母は老いたり、妻は病めり、子はやせたる乳房を探りて日夜飢えに泣くの惨状、よその見る目もいと憐《あわ》れなる」（『四万号の遺伝史』上巻一〇二ページより抜粋）。

●次に福島民友新聞、明治四十四年六月二十五日木村よしのの連載「女から見た女」。

「元々婦人解放とか女権拡張とかいう問題は、女自ら考うべき事で男性からうながされ注意を与えられたりする迄もない事であろうと思います。…(途中略)…要するに人から眼を開けてもらったり、雑誌の記事を読んでようやく『ああそうか』などと頷くようでは、まだまだ女は男よりも劣った者にされる事はまぬかれません。自ら反省する事の出来ないような女では、やはり一生涯『なかれ十ヶ条』の御厄介になって、年中夫の腰で小飼いの猫かなんぞの取り扱いを受けて、一生無意識に何が女やら男やらいっこう理解することなく、幻の世に生きて幻の世に死んで行く夢のような女となって終わるより外、世に浮かぶ道はありません」

●最後に横浜貿易新報、大正六年十二月十六日与謝野晶子の詩「女は掠奪者《りやくだつしや》」を紹介する。

「呉服屋の閾《しきい》を跨《また》ぐ女に／掠奪者で無い女があらうか／掠奪者、この名は怖《おそ》ろしい／しかし、この名に値する罪悪を／恬《てん》として実行して居る者は／ああ世界無数の女では無いか／―其《その》女の一人に私がある―

女は父の、兄の、弟の／良人《おっと》の、あらゆる男子の／知識と筋力と血と汗を集めた／労働の結果である財力を奪って／我物の如くに振舞って居る／一掛《ひとかけ》の襟を買ふ金とても／女自身の正当な所有では無い／女が呉服屋へ、化粧品屋へ／貴金属商へ支払ふ／あの巨大な額の金は／悉《ことごと》く男子の懐から。噛み取るのである」(『四万号の遺伝史』上巻一一八ページより抜粋)。

◇

ひるがえって同じ東北地方、東日本の地方紙において「初の女性記者」として活躍した女性に、河《か》北《ほく》新報の高橋政代《まさよ》がいるので紹介したい。

河北新報は明治三十年（一八九七）、「白河以北、一山百文」と蔑《さげす》まれた東北振興を旗印として、宮城県仙台市で活躍する実業人一力《いちりき》健治郎によって創刊された。平成九年に刊行された『河北新報の百年』によると、高橋政代という女性記者は、仙台藩士族高橋正衛門の長女として明治十一年（一八七八）七月に出生、宮城女学校（現在の宮城学院）に学んだとも伝えられる。後に福島民友新聞に現われた木村よしのが明治二十二年生まれだから、十一歳年上の女性である。

河北新報には明治三十九年三月、政代が二十七歳の時に入社し、同四十年六月に同僚記者の松原伝吾（のちに渡米し北米時事社編集長、カナダ毎日新聞に在勤、帰国後は報知新聞に入社した）と結婚するまで、一年余ほど婦人記者を務めた。

この間の高橋政代は、明治三十九年四月十四日と十六日の「別社会の婦人」を手始めに、ミス・ヘルプス女史が設立した東北育児院ルポ「アゝ孤児」（四月十七日から三回）、言語障害児教育を取り上げた「仙台唖《あ》人学堂」（四月二十三、二十四日）、日露戦争傷病兵三十一人の苦境を聞き書きした「仙台市内廃兵の状況」（六月十八日〜七月三十日）、など多彩な連載を矢継ぎ早に手掛けていった。

こうした高橋政代の連載について『河北新報の百年』は次のように評している。

「政代の文章は、話し言葉そのままの『です、ます』調である。『…されたり』『…すべしとあり』『…せり』など漢文調、文語調の多い紙面の中で、柔らかな表現と分かりやすい内容で、読者に際立った印象を与えた。視点が一貫して、弱者、社会の底辺に向けられていたのも特徴である。……政代の記事は（一般記事とは別の角度から）貧困や孤児などに焦点を当て、その心に立った温かい思いやりの深い記事で、読者に強く訴えるものがあった」

また古い研究論文であるが、昭和女子大学教授川嶋保良さんが平成二年の研究紀要『明治―大正期・草の根の有職婦人像』のなかで彼女の仕事ぶりを詳しく紹介しているので、参考にみてみたい。最初の記事である四月十四日と十六日の「別社会の婦人」とは監獄の女囚のことで、仙台市内の監獄分監で参観が禁止となったため、分監長と女監取締から聞いた話をまとめたもの。

「(囚人数は五十九人）大半は子殺しで御座います。これで見ましても女囚は大抵淫行が犯罪の原因であって、皆身持のよくない為に暗い所へ参り辛らい思いをいたしております。…中には自分が犯した罪を、罪悪とも知らず居る者も居りますが、是は一層哀れに思われます」（四月十四日）「監獄の門を出ますと、春の光りは普く地上を照らし、殊に長閑かな日の最早午近い刻限です。日の御影は八方十方隈なく輝いていますけれど、此別社会のみは永久常闇の国です」（四月十六日）。

四月十七日からの連載「アヽ孤児」は次のような概要である。

「ミス・ヘルプスの設立に成れる東北育児院を参観いたしましたが、（兼ねて案内を知れる処故、自由に院内其処此所を廻って）憐れなる小さなる人々を見舞う事が出来ました。…乳欲しやと泣きはせぬかと思はれる四つ五つの稚子あり、十二、三歳のが頭で百人以上も居るのです」「（育児院はどんな所かと聞いたら）十歳ばかりなる小供の答には『貧乏な子供の集る所で、私も貧乏だから行くのだと思ふて来ました』とて可愛い顔に悲しみの色を浮かべて居ました、実に不愍な話では御座いませんか」（四月十七日）。

高橋政代の記事のなかで、川嶋教授が最も注目したのは六月十八日から始まったルポタージュ「仙台市内廃兵の状況」である。

「日露戦役の我が光輝ある歴史の半面には、武運拙くして前途有為な身をあたら不具者の数に入れ、何の楽しみもなく其日を送って居るといふ幾多忠勇の士の悲壮な歴史もあるので御座います」（六月十八日）。

「（両手の指、両足のない伍長横田栄吉氏の訪問記）私も指のない人や足のない人を見たことは御座いますが、横田氏の如き惨憺たる境遇の人は耐えて見たことはありませぬ。氏は両下脚は無く、左手は母指一本、右手は母指と示指と残れるばかりで、食事の際などは僅かに二本の指で足すということで、当時の戦況をお尋ね申すのも何となく胸ふさがるやうでありました」（六月十九日）。

こうした高橋政代の報道を高く評価し、研究紀要をまとめた川嶋教授は次のように述べている。

「戦時中も中央にあって華やかな取材をつづけた中央紙の婦人記者、戦勝の裏面を知らずに政府の戦後処理を批判しつづけた中央紙のあり方と比較して、地方紙の婦人記者高橋まさよ（筆者注・戸籍名）の、戦後を報道した一連の記事に強くヒューマニズムを覚えるし、こうした記事をあえて新人婦人記者に取材させ、連載した河北新報に新聞本来の姿を見る」

「高橋まさよは世に出た記者ではないが、その記事を読むとき、当時としては社会を見つめるしっかりした目を持った婦人であった」（平成二年『明治—大正期・草の根の有職婦人像』より引用）。

同じようなことが、まさしく明治四十四年に福島市に出現した木村よしの記者についてもいえるのではないか！

こうして読んでいくと、明治三十七年横浜貿易新聞の伊藤せん子、明治三十九年河北新報の高橋政代、明治四十四年福島民友新聞に登場した木村よしの記者。彼女たち三人ともに、同時代を生きた熱い思いにどこか共通性が覚えられるようである。

特に日露戦争の影に隠れた悲劇や孤児院、慈善授産場などに注がれた彼女たちの眼差しは、地方紙からの発信として特筆すべきものがあるように思われるのである。そうした視点から、私はもっともっと、木村よしの記者の仕事が評価されてほしいと願うのである。そのためにも引き続き彼女の足跡をさらに発掘し、広く世に伝えていきたい。


ここで木村よしのが生きた同時代に、同じ福島から上京し日本女子大で学んだ女性として、二本松市出身の長沼智恵子（のちの高村智恵子）、またその恩師である服部マスという人物がいるので紹介しておきたい。

智恵子は明治十九年（一八八六）五月二十二日に安達《あだち》郡油井《ゆい》村で造り酒屋を営む父長沼今朝吉《けさきち》、母せんの長女として生まれた。木村よしのとは年が三つしか違わない。油井小学校尋常科、高等科を卒業後、明治三十四年に現在の福島市である福島町立福島高等女学校に入学（三年生に編入学）した。この福島高女は、当時の福島県で唯一の高等女学校として明治三十年に創設したばかりであった。

「念願がかなって智恵子が女学校に通い始めた頃、油井小学校高等科時代の唱歌の恩師で前年二本松小学校に転任になった服部マスが、日本女子大学校に入学した、という話が伝わってきた。女子の高等教育機関として日本で初めて、東京の目白に女子大学校が開設されたのである。その話を聞いた時、智恵子は大きな衝撃を受けた」（津村節子『智恵子飛ぶ』平成九年講談社刊より）。

この服部マスを追うように、智恵子は明治三十六年（一九〇三）日本女子大学普通予科に入学。のち家政学部を卒業後、洋画家の道を進もうと決心し、太平洋画会研究所を経て若き彫刻家高村光太郎と出会っていく。木村よしのが上京し、日本女子大英文予科に入学したのは、その頃である。

後の智恵子と高村光太郎の事蹟は衆知の通りであるが、この日本女子大在学中に智恵子は同じ家政学部一年先輩の平塚明子（後のらいてう）に出会う。明治四十四年、平塚明子が青鞜社を結成して女性だけの文芸評論誌『青鞜』を創刊すると、明子から依頼を受けた智恵子は有名な創刊号の表紙絵を描く。さらに翌明治四十五年一月号にも鈴蘭をモチーフにした表紙絵を手掛けて反響を呼ぶ。

この『青鞜』が創刊された明治四十四年というのは、木村よしのが福島民友新聞に入社し連載「女から見た女」などを盛んに執筆した年である。また彼女が女性解放運動で活躍した福田英子の東京・角筈の自宅をしきりに訪問していた頃と、そう遠くない時期でもある。

木村よしのと長沼智恵子、木村よしのと平塚明子の「青鞜」グループが、あるいはどこかで交差する時がなかったのだろうか。そうでなくとも、木村よしのが一世を風靡した長沼智恵子、平塚明子の「青鞜」運動をはたしてどのように見ていたのであろうか。誠に興味が尽きないものがある。

一方、長沼智恵子の恩師、服部マスは明治十一年（一八七八）一月十五日、安達郡上川崎村の名主服部家の三女に生まれる。上川崎小学校、二本松小学校高等科、福島師範学校を卒業して教員となる。明治三十四年に日本女子大学が創設されると第一回生として国文学部に学ぶ。

明治三十九年、同郷の先輩・服部宇之吉博士を頼って単身で北京に渡る。清国滅亡―中華民国誕生という激動する歴史の満州にあって、教師として女子教育の充実に尽くした。大正五年に帰国後は、日華親善や在日中国人留学生の支援に活躍し、中国人留学生の母として尊敬された人である。

最後に、昭和四十二年に編さんされた『福島県史』などで「(福島)県内で最初の女性記者だった」とされる比《ひ》佐《さ》邦《くに》子《こ》についても紹介しておきたい。この女性記者については、日本新聞年鑑・昭和二年版(新聞研究所)の人名録に彼女の記載があるくらいだから、来歴はしっかりとしている。

その新聞年鑑によれば、比佐は明治三十四年(一九〇一)、福島県石城郡(現在のいわき市)出身。磐城高等女学校を卒業後、大正八年から新聞記者・雑誌記者として活躍。趣味は劇、三弦、短歌とある。

その比佐邦子は、県内ではまず福島民報(本社・福島市)に入社し、大正十五年に同紙で「奥様お目見得記」という長期連載(約百五十回)をしている。平成四年発行の福島民報百年史は、この時点で「本県初の女性記者」として、その活躍を次のように紹介している。

「本社に入社した年月日は不明だが、大正十五年の本紙を見ると、署名入りの企画、連載記事を盛んに書いている。同年五月からは『奥様お目見得記』という連載を一人で担当した。各界名士の夫人を訪問して生活と意見を聞くものだが、半年間にわたって約百五十回の長期連載だった。バリバリと仕事をするタイプで、新人男性記者に指示をしたり指導をしたり、男性顔負けの仕事ぶりだった」(百年史一五四ページより引用)。

福島民報ではこのほか、「変装記者の世相さぐり」という連載にも参加した。

比佐邦子はこのあと昭和三年に福島民友新聞に移り、女性記者として三月十五日から「温かい殿堂を営む人々」という連載の訪問記を手掛ける。のちに編さんされた福島民友新聞百年史は、彼女の活躍ぶりを次のように記している。

「記者仲間では『飛行機ちゃん』で知られたが、要するに時代の先端を行く飛んでる女性——ということになろうか。本社では二年間活躍している。『温かい殿堂を営む人々』では知事夫人加勢愛子、福島中校長夫人浪岡八重子、福島郵便局長夫人三原香代子…といった人たちに突撃インタビューを試みている」

なお、「温かい殿堂……」の連載は八十五回にのぼった。続いて男から女を語らせる「私が好きな女性」の連載も手掛けた。このほか昭和五年、郡山市役所庁舎完成記念の「変装記者探し大会」に、のちに昭和を代表する作詞家として活躍する野村俊夫記者らとともに参加している。

比佐は少女期からかなりの才女だったようだ。大正五年五月十五日の福島民友新聞一面に「菜を摘みに」という比佐邦子の作品が掲載されており、筆者はこの記事を偶然に発見したいへん驚かされた。比佐がまだ十五、六歳の頃。福島民報、福島民友新聞に女性記者として登場する、十年も前のことである。

「菜を摘みに」比佐邦子

頬白は嬉しく鳴けり晴し日を母とならびて菜を摘みに行く
細腰に黒き帯せし母上とこの若草の心地よきかな
菜の畑に来は来つれども母と我かまもつことも忘れられけり
かくても母が摘み摘む菜の花に蝶はひらひらうつゝともなし
摘み込みし菜花に蝶はまつわれる嘆きて我等去りあえずけり
しみじみと小蝶に涙さそはれてはるかの君を忍ぶ畑中
ゆつたりと急ぐにあらぬ母と我帰りし頃は夕去りにけり

(五、四、二四)

このように福島県内では長いあいだ、この比佐邦子が「県内で最初の女性記者」として知られてきた。

その後、明治四十四年に木村よしのという女性記者が存在したことが明るみになったのは、平成七年(一九九五)に福島民友新聞が『百年史』を編さんした際のことである。同百年史は次のように書いている。

「本紙に女性記者が登場した。明治四十四年五月七日に入社した木村よしのである。本紙として初の、というよりも、県内初の女性記者ではないだろうか。入社の辞に、ひたすら読者の皆々様のためかよわき腕の限りを尽くさん覚悟にございます、とあるが、筆をとると男性先輩記者も顔負けの堂々たる論陣を張った。六月二十四日から七月にかけて『女から見た女』の長期連載をしている。やわらかい文章、男性にはない視点があり、読者の注目を集めたことはいうまでもない」

『百年史』はこのあと、二ページにわたって彼女が執筆した「女から見た女」第一回のさわりを取り上げている。しかし木村よしのの来歴、人物像についてはいっさい触れていない。その当時から彼女の素顔は、謎につつまれたままだったのである。

ところで木村よしのという女性に家族はいたのか？　という疑問にもお答えしたい。

私はかねがね彼女が結婚によって、旧姓五十嵐から「木村」という姓になったものと一般的に考えてきたが、じつのところその裏付けは長いあいだなかった。ところが令和二年（二〇二〇）春、国立国会図書館デジタルコレクションを再度調べるうちに、ようやく関係する資料と出会うことになった。昭和二十九年（一九五四）発行の『婦人倶楽部』四月号である。

木村よしのが『こんな縁談はまとまります』という文章を書いていて、こんなくだりが見つかった。

「私事を申し上げるようですが、私の息子にも優秀な親友が五人おりましたが、生きておれば二十七歳から九歳ぐらいの方々で、それが五人とも戦死しています。要するに、男も女も、みんな一様に戦争の被害者なのですから、日本人はお互いに同情し、労りあい、力になっていこう……と」

さらにもうひとつ、ふれておきたい。

明治四十二年に五十嵐芳野＝木村よしのが東京で坪内逍遥博士の文芸協会演劇研究所に入所した際、その学籍簿で原籍欄に記載されていた「福島市新町××番地」についても、触れておく。

そこは現在の福島市役所（五老内町）から南に歩いて十分、福島県庁（杉妻町）からも北に歩いて十分という、華やかな商店街や飲食店街、娯楽施設、寺社などが密集する中心市街地エリアの一角に位置している。

そこに何かの手掛かりがなかろうかと期待を抱いて、福島市役所の地籍係に照会した。その結果、次のような回答を得たのである。


「直接の質問である新町××番地については、現在でもほぼ同じ場所に存在しています。但し住居表示が変わり、現在の表示では新町××番××号となっています（当該地はその後分筆されており、××番地の一のように枝番がつき十以上の筆に分かれています）。それらを現在の住宅地図で見ると、民家は××さんと△△さん、ほかにロイヤルパーク新町駐車場という駐車場、××ビルという雑居ビルあたりに相当するようです」

この回答には、親切にも昭和三十三年の日本地理測量社・編だという一帯の市街地図が参考資料として添付されて送られてきた。大きな街区はほとんど変わっておらず、非常にわかりやすい地図であった。

その地図や市の回答文を頼りに、ある日筆者は一帯を訪ね歩いてみた。たしかに広々としたロイヤルパーク新町駐車場、五、六階建ての雑居ビルというものがすぐに見つかった。その周辺に民家らしきものは二軒だけ、いずれも「五十嵐」というものではなかった。近くで町会会長という看板を見つけたので立ち寄ってみたのだが、「私の家は戦後ここに移ってきたので、当時の詳しいことはわからない」ということであった。

やはり、時代の流れという厚い壁がここにも峻厳に立ちはだかっている。しかし、福島市は昔から人情の細やかな街である。かつては東北経済の中心地という気概を負った時代もあった。あるいは明治四十四年、まだうら若き「木村よしの」という女性が足駄を響かせてこのあたりを闊歩していたのではないかと思うと、筆者は愉快になった。

「おお、ハローハロー」「ワンダフルねえ!」

路地裏あたりから、英語や演劇を得意とする彼女がひょっこり、目の前に現われてきそうな感じがするのである。

（終わり）

編集部註／作品中に一部差別用語とされている表現が含まれていますが、作品の舞台となる時代を忠実に描写するために敢えて使用しております。

木村よしの（五十嵐芳野）にまつわる年譜

◇明治二十二年（一八八九）

▽十二月、五十嵐（木村）芳野、生まれる。おそらく会津の生まれか。のちに福島県福島市新町で育つ。

◇明治三十五年～明治三十九年　十三歳～十七歳

▽五十嵐芳野、女学校時代を送る。女学校は耶蘇旧教系（学校名は不明）らしい。

◇明治三十九年～明治四十年　十七歳～十八歳

▽日本女子大学英文科（予科）に入学。修業三ヵ年。

◇明治四十年（一九〇七）

▽女性解放運動家の福田英子、『世界婦人』を発刊する（一月一日）。この前後か、五十嵐よしのが角筈に住んだ福田英子の屋敷をひんぱんに訪問する。

◇明治四十二年（一九〇九）

▽早稲田大学の坪内逍遥博士が「文芸協会演劇研究所」を開設。五十嵐よしの、日本女子大を中退し第一期生として入所。女優松井須磨子や早稲田大の伊藤理基らと知り合う。

◇明治四十三年（一九一〇）　二十歳
▽五十嵐よしの、文芸協会演劇研究所の試演会で「ヴェニスの商人」を演じる（三月二十七日）。
その後、中途退団したとみられる。
▽大逆事件で幸徳秋水ら二十六人検挙。翌年一月二十四日に死刑執行される。
◇明治四十四年（一九一一）　二十一歳
▽文芸協会仲間の伊藤理基、早稲田を卒業し、萬朝報の記者となる（一月）。
▽五月七日、木村よしのと名乗る女性記者、福島民友新聞（福島市）に入社。「本県師範女子部」「授産場訪問」「女から見た女」など数々の連載を手掛ける。
▽文芸協会演劇研究所の第一期生が巣立つ。加藤精一、松井須磨子ら十五名（六月十日）。
◇明治四十五年（一九一二）　二十二歳
▽一月一日、木村よしのが福島民友新聞・新年号に笑話「猩々の鶴」を書く。
◇大正二年（一九一三）　二十三歳
▽五十嵐芳野、中央劇団に参加か？
▽五十嵐芳野、新劇社の有楽座公演で「出発前半時間」「チョコレート兵隊」に参加する（十月）。

【注】当時の演劇史を回顧した文献資料、大正十四年の伊庭孝『新劇社の思ひ出』、昭和六十年の大笹吉雄『日本現代演劇史・明治大正編』などを調べると、右のような記述にぶつかる。はたして木村よしのは、新聞記者を辞めて演劇界に復帰したものか。あるいはずっと演劇を続けていたものなのか。しかしなぜ旧姓五十嵐のままなのか、別人なのか？　いずれも詳細は不明である。（筆者）

◇大正三年（一九一四）　二十四歳

▽五十嵐芳野、『中央公論』に某女優名で手記「女優生活の追懐」を書く。　二十五歳

……………………

◇昭和八年（一九三三）

▽木村よしの、東京都結婚相談所の相談員として姿を現わす。　四十四歳

◇昭和十八年（一九四三）

▽木村よしの、興亜書院より『結婚相談員の手記』を著す。　五十四歳

◇昭和十九年（一九四四）　五十五歳

▽東京都政週報第五十四号、「結婚報国を語る」座談会に東京都結婚相談員として木村よしのが出席（九月三十日発行）。この時点で木村よしのは四谷相談所に所属。

◇昭和二十三年・二十四年　五十九歳〜六十歳

▽木村よしの、『婦人年鑑』に東京都結婚相談所主任相談員（明治二十二年福島県生、東京都練馬区東大泉在住）と紹介される。

◇昭和三十一年（一九五六）　六十七歳

▽木村よしの、雑誌『婦人生活』の座談会に登場し、よりよい結婚についてアドバイスする。

◇昭和三十三年（一九五八）　六十九歳

▽文芸協会演劇研究所時代の仲間である伊藤理基（山口県在住、元防長新聞社社長）が古稀を祝う文集『その道を辿る』を発刊。木村よしの＝旧姓五十嵐芳野が「閣下のニックネーム」と題した思い出の文を寄せる。

◇昭和三十八年（一九六三）

▽木村よしの、東京都結婚相談所長の田中孝子女史と共著『幸福な結婚のために』（野田経済社）

を著す。田中孝子は哲学者で早大教授田中王堂の妻。大正八年、第一回国際労働会議の日本政府婦人代表を務めた。

（※木村よしのは、この人物と行動を共にしていた可能性が高い。田中孝子も東京都練馬区東大泉に住んでいた）

七十四歳

【参考文献】

伊藤理基『その道を辿る』（昭和三十三年、伊藤理基氏古稀記念会）
人物叢書『幸徳秋水』（昭和三十四年、吉川弘文館）
尾崎士郎『大逆事件』（昭和三十七年、雪華社）
福島民友新聞『百年史』（平成七年、福島民友新聞社）
明治四十四年、四十五年福島民友新聞（福島県立図書館所蔵）
『福島百年の人びと』（昭和四十三年、福島民友新聞社）
神奈川新聞百二十年『四万号の遺伝史』（平成二十二年、神奈川新聞社）
河北新報の百年（平成九年、河北新報社）
江刺昭子『女のくせに―草分けの女性新聞記者たち』（一九八五年、文化出版局）
春原昭彦ほか編著『女性記者―新聞に生きた女たち』（一九九四年、世界思想社）
川嶋保良『明治―大正期・草の根の有職婦人像』（平成二年、昭和女子大研究紀要）
福島慈善授産場沿革誌（明治四十三年、菅藤留吉・福島慈善授産場、福島県立図書館所蔵）
明治四十四年六月三十日、七月一日東京朝日新聞（朝日新聞社聞蔵Ⅱビジュアル）
村田静子『福田英子～婦人解放運動の先駆者』（昭和三十四年、岩波書店）
川村花菱『随筆・松井須磨子』（昭和四十三年、青蛙房）
田中栄三『明治大正新劇史資料』（昭和三十九年、演劇出版社）
大笹吉雄『日本現代演劇史―明治・大正篇』（昭和六十年、白水社）

人物叢書『坪内逍遥』（平成十年、吉川弘文館）
松本克平『日本新劇史・新劇貧乏物語』（昭和四十一年、筑摩書房）
大正三年三月号中央公論『女優生活の追懐』（某女優、中央公論社）
伊庭孝「新劇社の思ひ出」（『新演芸』大正十四年一月号）
女優鑑（大正元年、演藝画報社）
日本人物情報体系8女性録編『昭和二十三年婦人年鑑』『昭和二十四年婦人年鑑』（日本婦人新聞社、皓星社）
図説『日本女子大学の八十年』（昭和五十六年、日本女子大学）
創立百周年の軌跡『日本女子大学学園事典』（平成十三年、日本女子大学）
日本女子大学教育文化振興「桜楓会」八十年記念誌
田中孝子・木村よしの『幸福な結婚のために』（昭和三十八年、野田経済社）
木村よしの『結婚相談員の手記』（昭和十八年、興亜書院）
雑誌『婦人生活』（昭和三十一年三月号、婦人生活社）
雑誌『婦人倶楽部』（昭和二十九年四月号、大日本雄弁会講談社）
東京都結婚相談所五十年の歩み（昭和六十年、東京都結婚相談所）
東京都結婚相談所六十二年の記録（平成八年、東京都歴史文化財団）
津村節子『智恵子飛ぶ』（平成九年、講談社）
朝日新聞社編『朝日日本歴史人物事典』（一九九四年、朝日新聞社）ほか。

【著者紹介】

町田　久次（まちだ・きゅうじ）

1948年（昭和23）生まれ。

新聞史研究家、ノンフィクション・ライター

略歴：福島県会津美里町生まれ。新潟大学人文学部卒業。1971年（昭和46）福島民友新聞社に入社し、編集・報道記者、広告局次長、経理局長、取締役などを歴任。現在、会津若松市男女共同参画推進実行委員会委員、下村満子の「生き方塾」応援団、公益財団法人会津弔霊義会評議員など。福島県会津若松市在住。

筆歴：平成25年度福島県文学賞正賞、準賞など受賞。
主な作品『吾等は善き日本人たらん』『新聞疎開』『ふくしま新聞史読本』（以上、歴史春秋社）、『佐藤紅緑の新聞小説・毒盃（復刻版）』（論創社）、『菅家喜六・世界一周記～昭和6年激動のヨーロッパ、アジアを歩く』（柘植書房新社）など。

木村《きむら》よしの　おんな記者伝《きしやでん》

2021年10月26日　第1刷発行

著　者 — 町田《まちだ》　久次《きゆうじ》

発行者 — 佐藤　聡

発行所 — 株式会社 郁朋社《いくほうしや》

〒101-0061　東京都千代田区神田三崎町 2-20-4
電　話　03（3234）8923（代表）
ＦＡＸ　03（3234）3948
振　替　00160-5-100328

印刷・製本 — 日本ハイコム株式会社

落丁、乱丁本はお取り替え致します。

郁朋社ホームページアドレス　http://www.ikuhousha.com
この本に関するご意見・ご感想をメールでお寄せいただく際は、
comment@ikuhousha.com までお願い致します。

 ISBN978-4-87302-742-5 C0095